Ⓢ新潮新書

太田和彦
OTA Kazuhiko

居酒屋を極める

594

新潮社

居酒屋を極める——目次

第一章　さて、今宵はどこに座ろうか

「居酒屋の楽しみ方は……」と始めても多くの方は、居酒屋なぞ行き慣れている、そんなことは聞かなくてもわかっている、とお思いだろう。

しかしそこはそれ「太田流」と名付けて、私が普段、居酒屋でしていることを改めて見直してみよう。人の話をわが身に重ね、自分はこういうことをしていたんだ、そのこがよくてそうしているんだ、あれはまるっきり意味がなかったな、などと気づくと楽しみの幅が広がる。同じように「へえ、太田はそうなのか」と思ってお読みください。

店選び「古くて、小さい店」が最初の目安

まずは居酒屋選びから――。

日本中どこの町にも居酒屋はある。繁華街には軒並みだ。夜の一杯を楽しみに、いざ繰り出したもののあまりの多さに圧倒され、さてどこに入ったらいいんだろうとなるのが、誰にとっても最初の関門だ。

チェーン店は安心だが、いい大人が入るところではない。呼び込みの兄さんに声をかけられてもちょっと。白暖簾《のれん》一枚だけの上品な店はよさそうだが値段も気になる。若いのが騒ぐ店はもちろんだめだが、格式に気疲れするのも敬遠だ。いい酒と気のきいた料

理、雰囲気もなごやかな所はないかなあ。美人女将《おかみ》ならなお結構、などの欲は言わない。ネットで調べておく手もあるが、あれは信用できないと知った。

長年居酒屋に通っている私もまったくその通りだ。その経験から得た良い居酒屋選びの結論は、「古くて、小さい店」だ。

「古い店」は、良心的な仕事で正直に、手ごろな価格でおいしいものがあるから続いてきているんだろうという期待がわく。つまり信用だ。あこぎな商売や感じの悪い店は長くは続かないはずという認識でもある。居酒屋は空腹を満たすというよりは、酒を飲んで気分よい時間を持ちたいわけだから居心地がとても大事で、いくら味がよくても店の愛想や客層が悪いのは失格だ。ラーメン屋などは味さえよければ無愛想でもかまわなく、きちんと作ってくれれば愛想なしくらいがちょうどいい。店が少々汚くても食べ終われればすぐ帰る。しかし居酒屋はじっくり酒を楽しんで長居するところだから、そうはゆかない。メンタルな面が大切。「腹がふくれて安く、そこで騒ぎたい」若いのとは違う大人は、店選びに注文が多くなる。

味は入って食べてみなくてはわからなく、店が実際に古いのか歴史まではわからないが、少なくとも建物が古ければ長く続いていると想像する。もっとも最近は古民家再生ならまだしも、模造古民家も多く、気をつけないといけないが。まあ、なんとなく本物の古さは（当人が古さを知っている年の功もあり）見当はつくものだ。

「小さい店」は、大量仕入れ大量調理ではない手作りの味が期待できる。見渡せるだけの範囲ならば主人の目が行き届き、目が合えば注文できるサービスも細やかだろう。何より、大きな店で、がやがやうるさいのは気が休まらず、若い店員が大声で「こちら、ナントカ一丁！」「はい、カントカ一丁！」などと連呼するのは閉口だ。大型店の店員はだいたいバイト学生で、礼儀や気配りはまったく期待できない。

というわけで「古くて小さな店」を探す。逆に新しい大型店は無視する。団体歓迎、二階三階もあります、などは論外だ。

さらに居酒屋探しにはもう一つ重要な目的がある。それは「常連になれる店」をつねに探していることだ。ガイドブック片手においしそうな店に一軒ずつ入ってみる食べ歩きは人気で、最も手軽なレジャーだ。居酒屋もその一つだが、そこには、気に入れば常連として通いたい、主人と気軽に口をきける間柄になりたい、気の合う飲み仲間が生まれればなお良い、という深い魂胆もある。男は、それも歳をとると、あちこち食べ歩くよりも、気に入った「自分の居場所」たる「行きつけの一軒」をもちたくなる。いい歳だ、浮気はやめた。もうそこしか行かない。居酒屋はそういう要素が非常に強い。鰻屋や蕎麦屋はなじみができても毎日は行かないだろう（高いし）。しかし居酒屋は気に入れば毎日でも行く（安いし）。

毎日行っても品書きが変わるわけでなし、酒が変わるわけでなし、たまに季節の品があるくらいで大筋はいつもと同じだ。若いうちは変化を楽しむが、歳が上がると変化しないことを楽しむ。毎日行って、毎度同じことをするのは風呂と同じだ。風呂も酒も毎日の生活の一部だからだ。私はそういう店と客を多く知っているが、彼らはいつも同じ時間に来て同じものを注文する。飽きないからでもあるが、食の幅を拡げる探求心は失ったかのようだ。

ではその行為は何なのか。私は大上段に「自分を確認する日々の営為」と言いたい。それだけに店選びは大切だ。さらに居酒屋くらいは、ガイド本の「名店」だの「オススメ」だのの他人による判断ではなく、自分が自分であるために誰にも譲れない自分の価値観で選びたい。苦労しつつもここまで生きてきた経験による判断力を活かすのは今だ。若い奴なんかにわかるもんか。オレがオレの金で入るんだぞ。

居酒屋に入るのもタイヘンなことになってきた。何しろ「自分を確認する場所」なんだから。

どこに座るか。初めての店は末席を見極める

そうやって店を決めて（やれやれ）、さて次は——。

暖簾をくぐって店に入ってすぐ判断することに、どこに座るかがある。混んでいれば選ぶまでもない空いた席になるが、開店直後ならどこでも選べ、どの辺に座るかを一瞬躊躇《ちゅうちょ》する。

初めての店は末席に座るのが無難だ。一人ならばカウンターだが、初めての店でそこでずっと緊張しっぱなしというのも疲れる。店の主人も、見慣れない客に目の前にでんと座られては緊張するだろう。だから最初は末席を選ぶ。

末席とは、玄関脇とか、手洗い横とか、階段下とか、「なんだ、ここしかないのか」みたいなところだ。常連が座りそうな目立つ席、あるいは居心地よさそうな穴場席は遠慮して、目立たないところに座れば、自分のペースも失わずに済む。

逆にその店の最上席は、カウンターを挟んだ主人の真ん前だ。何よりも主人と世間話を交わせる。調理が見えて、「それ、何?」とか聞ける。うまそうなら「こっちにも」と言える。酒の追加も空徳利をもち上げるだけでＯＫ。美人女将の店なら美人を独占で

きる特権的な位置だ。初めての店でそこに座るのは十年早いが、政治家とか成り上がり社長みたいなのはすぐに座る図々しさがある。

昔、六本木に防衛庁があったころ、真向かいの炉端焼居酒屋で飲んでいると、時の防衛庁長官・中曽根康弘氏がきれいどころを三人ほど連れてきて大きなコの字カウンター真ん中に座った（きっと予約してあったんだろう）。よく通る充分な押し出しの第一声が「君、うまいものを沢山くれたまえ」だったのが印象的だった。――余談です。

店の中心に座り、その日のエリート客として店の全容を把握している。これが常連の最上級席だ。

しかし本当の意味の常連はちがう。真の常連はカウンターでも末席にいる。なぜならば彼は「その店がなくなっては困る」ので、毎日通って金をおとしつつ、初めて来た客にこの店は良い店だと思ってほしいから、上席はそのために空けておく。開店と同時に入るのは、初めての客は暖簾を分けてのぞき、客が誰もいないと敬遠するので、自分が「呼び水」となって安心させるためだ。そうして混んでくると安心し、他の客に席を譲って自分は帰る。その時さりげなく「今日の○○はうまかった」とつぶやいて他の客にヒントを置いてゆく。本当の常連とはかくもいじらしいもの。いつも最上席に座りたがる人は「常連と思われたい人」だ。

横道にそれたが、カウンターは本来一人客のための席だ。酒を飲むのに他人同士が向かい合う相席はくつろげない。また酒は独酌派も多く、飲酒の特徴で長居になる。そのために隣りが他人でも気にならないカウンターがある。したがって知らぬ隣客に話しかけるのは厳禁。連れがいてもそこに座れるのは二人まで、三人以上はテーブル席が原則だ。東京・自由が丘の名居酒屋「金田」はそのルールが徹底し、三人以上の客はカウンターだけの一階が空いていても二階の机席へ案内される。理由は「三人以上は声が大きくなる」からだ。

またそこは店の主人や女将を相手に飲む席で、自在に話のできる器量が求められる。カウンター席は上客として「店の雰囲気を良好に保つ」という気概、覚悟を持たなければならない。初めての店ではそこまで無理せず末席をとり、まずは自分のペースを確保して、おもむろに店の雰囲気をつかんでゆく。そうして二、三回も通えば主人と顔見知りになり「カウンターへどうぞ」と言われるようになる。あわてることはない。

酒場こそのカウンター

ではその、居酒屋に欠かせないカウンターとはいかなる場所か。

COUNTER＝カウンターは英語だ。手持ちの英和辞典には、〈(銀行などの) 勘定台、(商店などの) 売台、帳場、カウンター〉とある。『広辞苑 (第二版)』は〈①計算係。数取り。②計算器。計数管。③遊戯で、計算につかう算木・象牙・骨片・碁石の類。④勘定台。帳場。売台。〉と見当外れだ。『新明解国語辞典 (第四版)』は〈㊀帳場や勘定台 (で用いる計算器)。㊁ボタンを押すと数字が出る、小型の計数器。㊂〔バーや飲み屋などで〕調理場のすぐ前に腰かけて、酒を飲ませるように長く作った長い台。〉とあり、ようやく出てくる。さすがは私の好きな『新明解』だ。〈酒を〉と特定しているところがうれしく、〈飲み屋〉とやや野卑な語を用いているのも気分だ。編纂者は酒好きなのかもしれない。立ち食いそばはカウンターではないのだぞ。

それでも最初に〈勘定台〉と措定されるのは、勘定をする台で酒を飲むようになった転用とわかる。海野弘著『酒場の文化史』(講談社学術文庫) によると、十八世紀イギリスのパブ (パブリックハウスの略) は、パブリックルーム (個室ではない入れ込み部屋) のあることが条件で、そこで酒を売る台を「バー」と呼び、その台で飲むことをカウンターバーと称したのが起源とある。

西部劇映画で見るサルーンはスイングドア、長い立ち飲みカウンター、後ろにポーカーの丸テーブルがお約束だ。店の前には必ず馬を留める横木（バー）があり、二階は娼婦とナニする所でもあったので、ちょっと隠して言うために「バーに行く」と称したとも言われる。長いカウンターは客同士がトラブルを起こさないように、一列に並べて互いの顔を見ないようにするためという説は結果論と思えるが、その役割が出てきたのだ。

時代小説の居酒屋場面に「カウンター」という英語は使えない。「鬼平はなじみのカウンターに座った」とは書けない。その頃はなかったのだ。あれば日本語の名称があるはずだ。

時代劇映画は考証にもよるが、大机を樽椅子が囲み、カウンターはない。『おぼろ駕籠』（昭和二十六年／伊藤大輔監督）には、豪快な侍が樽を並べた売り酒屋に入り「五合枡でくれ」と樽栓をひねって注がせ、手前の勘定台でトクトクと飲む場面があったから、勘定台＝カウンターは成立していたとも言える（ちなみに、なぜ日本酒を計量用木枡で飲むのかが、このときわかった）。

これは想像だが、明治に入って欧米に外遊した人、例えば両替商・山屋二兵衛が渡米してバーを知り、こういう大衆酒場を日本でもつくろうと「ヤマニバー」という居酒屋を始めたとき、言葉「バー」とともに言葉「カウンター」を導入したのではないか（ヤマニバーはおおいに繁盛してヤマニ会組織でチェーン化された。東京・築地の居酒屋「やまに」はその名残りで額に「会員証」がある。王子にも六十年続く居酒屋「ヤマニバー」がある）。

日本最初の町場の洋酒バーは大正十二年、アルゼンチンの貿易商社にいた田尾多三郎が帰国して横浜に開いた「カフェ・ド・パリ」が最初と言われる。このときカウンターも導入されたと想像できる。

昭和十二年の映画『婚約三羽烏』（島津保次郎監督）の佐野周二と佐分利信が銀座の居酒屋で飲む場面は、おでん鍋をカウンターが囲んでいた。昭和十八年の名作『無法松の一生』（稲垣浩監督）で晩年の無法松は居酒屋のカウンターで一人淋しく飲んでいた。

関西割烹《かっぽう》が初めて東京に進出したのは昭和三年の「銀座本店浜作」で、客の目の前で料理するカウンター割烹スタイルが評判を呼んだという。座敷で女性に酌させて飲むのではなく、店の主人を相手に飲むスタイルが生まれたのだ。板前相手に「それはなんだい？」などと話しながら飲むのは通人に好まれ、「よう」といつもの席に座る風情は常連ごころをくすぐったことだろう。

　一人で気軽に飲めるカウンターは酒飲みにおおいに支持された。酒場の発達は都市の成熟とともにある。カウンターは昭和初期に都会人の新しいライフスタイルとして普及したのだろう。「個人の確立」という面もあったのかもしれない。

「とりあえずビール」のわけは

　座ったらどうするか。注文するという大作業がある。これがなかなか……。

　居酒屋に来た目的を果たす一番楽しい時ではあるが、座るとすぐに伝票を持って注文を聞きに来る。品書きを開いてもそうすぐに決められるものではなく、いつまでも隣に立たれては気が引け、なんでもいい「枝豆」などと妥協してはいけない。ここは「とりあえず、ビール」と言って店員を帰す。

　居酒屋のよいところは「お通し」が出ること。大抵、無料（ただ）ではなく、いらないと言っても置いていく。お通しは「注文の品が出るまでとりあえずこれでしのいでください」というものだから、ビールとこれで、いよいよじっくりと品書きを見る。机のメニューだけではなく、壁の品書き札や黒板の〈本日の……〉も見忘れてはいけない。

そうして店を出るまでの「全体計画」を立ててゆく。会社勤めの「実施計画」でこういうことは慣れているはずだ。

たとえば春なら——。

ま、最初は刺身だな。まぐろ、あじ、さより、ほうぼう……お、かわはぎがある。刺身の次は焼物、焦げ風味だ。イワシ丸干しもあるが、発想を変えて焼油揚といこう。男は黙って焼油揚。刻み葱《ねぎ》がたっぷりつくといいけどな。後はどうするか、そうだ黒板を見よう。おお、あったあった、新若布《しんわかめ》と青柳《あおやぎ》のぬた。これですよこれ、春来たる。だいたいこんな所まで決めておいて、余裕があったら好物のメバル煮魚もいっちゃおう。煮魚は時間かかるから早く言っとかないと。最後は焼おにぎりかシンプルにしらす海苔《のり》茶漬けだな。おっと野菜とらなきゃ、んーと、サラダは大げさだし、これだ、味噌きゅうり。こんなの料理でもなんでもないけど、あると便利、ほっとする。よし、決まった——。

「すみませーん、かわはぎ刺身と燗酒ね」

どうです、いいでしょう。

ここで大切なのは一度に頼まないこと。机が料理で埋ってしまう。男の酒はあれこれ並べず、目の前をきれいにしておく。徳利と盃と料理一品と箸、これだけ。女は小鉢や皿がいっぱい並ぶと「ワーきれい」とか喜ぶが、男は潔癖が大事だ。うーむ、格好いいかもしれないぞ。

もうひとつコツがある。それは箸休めの小鉢を脇に一品置いておくことだ。私はだいたいお新香で、ぬか漬けか何かが手元にあれば、目の前の料理がなくなったときでもちょっとつまめる。だから、サイドオーダーの箸休め＝常備品ひとつと、あとはそれぞれの華のあるものというのがよろしかろう。このように全体計画をたてておくと、たいへん余裕をもって一杯を始められるというわけだ。

最も正統的な日本料理といわれる会席料理は、先付（前菜）、椀物（吸い物）、向付（刺身）、鉢肴（焼物）、強肴（煮物）、止め肴（酢の物・和え物）、食事（ご飯・みそ汁・香の物）、水菓子（果物）と決まった流れが順番に出てくる。私とて経験しているが、これはちっともおもしろくない。何が出るかわかっている味気なさの上に、ゆっくり酒を愉しみたいのにどんどん次が出てくる。いやそれより酒をうまくするものがない。酒の前に汁を飲むのは最大のタブーで、いらない。

また割烹は、春は若竹椀、初夏は鮎、夏は鱧《はも》、秋は松茸、冬はフグと、料理も決まりきっていて、高級素材かもしれないが新鮮味はなく料理人もつまらないだろう。気取った居酒屋は基本がコース料理とかで、食べたくない揚物やらも出て最後のアイスクリームは全く余計だ。

そうではない。居酒屋の最大の楽しみは、お仕着せではなく「自分でコースを組む」自主性にある。例えば……。

・若布と青柳のぬた　ポイント＝酸味で食欲を刺激する
・刺身（鰹《かつお》・さより・あじ）　ポイント＝赤白青魚の彩り
・柳カレイ一夜干し　ポイント＝干物の焼魚は居酒屋でしか味わえない
・焼油揚　ポイント＝焦げ香を楽しむ
・さらし玉葱　ポイント＝野菜をとる
・煮穴子　ポイント＝精のあるものでもう少し飲みたくなった
・自家製塩辛とらっきょう塩漬け　ポイント＝いよいよ酒に専念
・〆　まぐろヅケ茶漬け　ポイント＝必ずうまい逸品

どうです、うまそうでしょう。こういうものを自分で組み立てる。ではもうひとつ。

・〆鯖　ポイント＝あじなめろうと迷ったが、これでいこう
・鰹たたき　ポイント＝おいらはこれが大好き、ニンニクたっぷりで
・谷中生姜　ポイント＝口をさっぱりさせるにはこれに限る
・イカのワタ焼き　ポイント＝味はわかってるが、つい
・まぐろ納豆　ポイント＝下品でうまい代表作
・焼鳥二本　ポイント＝鳥も忘れてはいけない、ねぎまと砂肝だな
・焼茄子　ポイント＝頼んで後悔しない一品、料理としては腕が必要だ
・ばくらい（ホヤとコノワタの塩辛）　ポイント＝日本酒に合う最高の珍味
・〆　梅干しにゅうめん　ポイント＝仕上げは上品に

どうです、いいでしょう。さらに別案（もういい！）。

居酒屋は会席料理などでは決して出てこない「居酒屋でしか食べられない肴」が神髄だ。例えば、まぐろ納豆、丸干し、いか焼、焼油揚、青魚なめろう、焼椎茸、おから、玉子焼、肉豆腐、もつ煮込み……。家でも食べられる安い食材だが、それをうまく酒の

肴に仕立てあげるのが居酒屋料理だ。その「酒場だけにある専用料理」の幅の広さはたぶん世界一だろう。

店のセンスが出るお通しと定番

西洋にはないらしいが、お通しは居酒屋の楽しみの一つだ。何が出るか、頼んでいないものだからこその面白さ。しのぎだから、あまりボリュームがあっても、豪華すぎてもいけない。好みとしては、きゅうりぬか漬け三切れ、じゃこおろし、エシャレット味噌など。焼たらこ一口に大根おろしなら、おおいに得した気分になる。いずれにしてもここは店のセンスの見せどころで、気が利いていることが大切だ。

料理の余りものを活用するのはセンスある仕事だ。例えば出汁《だし》をとった後の昆布を細切りしてさっと煮たもの、イカ刺身をとった残りのゲソをピリリと煮る、古沢庵を刻んでピリリと煮た〈かくや〉などは追加したくなる。

一方、お通しはつねに同じという店もある。いわゆる定番だ。

酒屋としての創業は安政にさかのぼる老舗《しにせ》、東京・根岸の「鍵屋」はきまって〈みそ豆〉。豆腐を作るときに茹でた大豆を薄い醤油味に漬けた浸し豆だ。昔、食通で知られた俳優・渡辺文雄さんを鍵屋にお連れするとこれを見て「懐かしいな、毎朝『みそ豆〜』と売り歩いていたんだ」と言った。渡辺さんは東京・神田生まれの人だ。

北海道・旭川の居酒屋「独酌三四郎」も、昭和二十一年創業以来お通しは豆だ。大豆を水に浸して（地元では「うるかす」と言う）炊き、酢、醬油、紫蘇に三時間ほど漬けた酢大豆。食べ物のない時代に客はこれだけで飲んだ。やがて人気になり瓶で売るほどになった。どちらもこれが出ると「ああ、ここに来たんだな」という気がして、これもよいものだ。

さらにもう一つ、アドバイス。

堅実な手として、自分だけの定番の品を持つ方法がある。「どこへ行っても、とりあえずこれ」を決めておくとスムーズだ。私は初心者のころはタコぶつで通した。一年中あって、上等な地タコではないモーリタニア産かどこかでも、タコぶつはだいたいはずれなく、安いだけの大衆酒場でも役に立つ。そのうちに、関東なら久里浜のタコとか（東京・湯島「シンスケ」で出す）、やはり瀬戸内の明石タコは絶品とか（神戸「吟醸」が名タコを出す）、タコの味を知ってきた。

焼油揚も良いもので、大人の酒の渋い名脇役と言えよう。身なりよい初老紳士が、刺身盛り合わせなどの派手な肴ではなく、これで一杯やっているのは絵になる。

油揚がおいしいのは京都だ。先斗町《ぽんとちょう》の「酒亭ばんから」は、北野天満宮前の豆腐屋「とようけ屋山本」のものを使い、軽い揚がりの大豆の香りがすばらしい。京都の油揚は薄揚げで、薄さを尊び、厚揚げは野暮なものとされている。

これが地方にゆくと厚くなる。有名な新潟・栃尾のは厚さほぼ四センチ。栃尾では豆腐は油揚のためのもので、揚げ油を落とすのにぶら下げた、ひっかけ穴があるのが特徴だ。

油揚消費量日本一は福井県だ。ある居酒屋で注文した〈竹田の油揚焼〉はとてもおいしいが厚さ三センチ以上あり、「これは厚揚げだね」と言うと「いえ油揚です」と譲らない。福井の油揚はこれが普通で、断面は確かに、関東で言う厚揚げのように中は白い豆腐ではなく海綿状だ。これに刻み葱を山のようにかけて食べ、食感は「ばりばり」。京都の薄揚げのしんなりとは違いワイルドになる。七味唐辛子を振るとなお良い。

名品といわれる谷口屋の「竹田の油揚」は大正十四年創業、昭和三年より永平寺に納めるようになる。福井・石川県境の竹田村はかつて豊原千房、古野千房、吉谷千房の三つをあわせた三千房とよばれる大きな寺があり、白山信仰の修行僧が集まる宿場村として繁栄した。雪深い地に油揚は貴重なたんぱく源で、大本山永平寺では精進料理に使われた、というのを後に知った。

東京で焼油揚のおいしいのは下北沢の「両花《りょうはな》」だ。いつかわけを聞くとあっさりと「京都から取り寄せてます」とのこと。焼き立てに添えた白髪葱に醤油をかけ、しばらく置いて粘りが出てくるのを待ち、それをのせて食べる。これが俳優・角野卓造さんに教わった「角野流」で、おいしいですぞ。――以上、焼油揚物語。

ポテトサラダ、自家製塩辛があると必ず注文する知り合いがいる。自分の定番を一つ持って食べ続けると、店による違いも見えてきておもしろいものだ。

旬の走りは迷わず注文

居酒屋料理の醍醐味は何といっても「季節を味わえる」ことだ。

春の貝・筍。夏の山菜・鰹。秋のきのこ・秋刀魚《さんま》。冬の牡蠣《かき》・蟹。四季のある日本はじつに豊かな食をもち、居酒屋はそれが手軽に味わえ、季節の到来を知る。そしてこれだけの豊かな食をすべて引き受けるのが、わが国の「國酒《こくしゅ》」日本酒だ。

こういう季節のものはレギュラーメニューではなく、別の紙に「秋刀魚」「松茸」「殻牡蠣」などと大書して貼られ、それを見たら、ためらわず注文する。

たとえば初夏。〈鮎入りました〉とあったらすかさず注文する。すると、いつもは返事もしないような主人が「鮎一丁！」と声を張り上げ、いいものを頼んでくれたという顔をする。季節の走りを無理して仕入れた、まだちょっと値は張るがぜひ味わってほしいという気持ちが貼紙に表れ、それに応えるのが客の心意気。すなわち「食べたくなくても注文する」のが粋《いき》な客だ。

あるいは鰹。初鰹は「女房を質に入れても」先を競って注文するのが江戸っ子。私は「粋な客」になりたい。居酒屋で過ごす人生の大事な時間なればこそ「粋に」やりたい。その表れが注文だ。季節の先取りは最も粋。「あの人は、分かってるねェ」と思われたいと独り相撲をとる（けなげなことです）。

さらに私は、粋を気取るなら、「時には高いものを注文してみよ」と言いたい。

いつ来ても塩辛とオシンコのしみったれではなく、一品ぐらいは〈車海老活き造り〉〈房州水貝（あわび）〉〈天然松茸網焼き〉〈フグ刺しぶつ切り〉などをさりげなく注文する。主人としては店の意地もあり、良いものを置いているが、「なかなか注文してくれる客がいない、不景気なんだな」と思っているところに注文が入ると、まさに「待ってました、ようし腕のふるいどころを見せてやれ」と張り切る。そしてこの品ばかりは自ら両手で運んでくる。

金はないが、男一匹、たまにはいい所を見せようじゃないか。もうそういうことをしてよい年齢だ。そろそろやらないと一生しみったれで終るぞ（と某女性に言ったら、そのときは連れてってと言われた。いいともよ）。

そこまで見栄をはらなくても、品書きに慣れて来ると「主人が注文してほしそうなもの」が見えてくる。例えば煮穴子（東京・月島「味泉」）、こはだ酢（神田「みますや」）、自家製あんきも（神田「新八」）、するめいか胆しょっつる焼（恵比寿「和《なごみ》」）などなど。初めての店で品書きをウームとつらつら眺めてぱたりと閉じて顔を上げ、「煮穴子！」と一声かければ、何を言うかと見ていた主人は「オ、できる客だ」となる（かもしれない）。

その店の逸品をピタリと見抜けるようになれば居酒屋の達人。いずれにしても注文こそは店との最大のコミュニケーション、これを楽しまない手はない。

冷でよし温でよし。豆腐は居酒屋の肴の要

居酒屋の肴の最も安定した品は豆腐ではないだろうか。

豆腐の嫌いな人はいない。夏など、とりあえず一丁皿にのせ、鰹節と醤油、刻み葱でも添えれば上等という「うまい、はやい、やすい」の優れもの。そのうえ体によいとなれば毎日でもいい。豆腐出しときゃご機嫌の、女房手間いらずだ。

夏は冷奴。家庭では氷の鉢に浮かべたりするが、居酒屋ではもっと粋に出す。

前述の根岸「鍵屋」の冷奴は、平皿に置いた小さな簀《す》の子《こ》板に、木綿一丁を切らずに姿で据え、その上に黄色のおろし生姜と緑の刻み大葉の小さな二盛りがつんもりと乗る。潔癖にして清涼感あふれる姿はまさに粋な江戸っ子好み。添えた醤油は鰹節を含ませてあり、年季の入った長方形木箱の刻み葱は使い放題。私は豆腐が終ると葱と醤油だけで一杯やる。

同じく自由が丘「金田」、恵比寿「さいき」も冷奴がうまく、共通するのは何十年も同じ近所の豆腐屋のを使っていることだ。豆腐は鮮度が大切で、できたてのまだ温かいような馥郁《ふくいく》たる豆の香りはすばらしい。俗に「豆腐屋、三代続かず」と言うが、朝の暗いうちから仕事に入り、その日のうちに売り切らないといけない豆腐屋はたいへんな仕

事で、しかも高い金はとれない。よって「三代続かず」。したがって豆腐屋は、毎日必ず大量に買ってくれる所はあり難く、また居酒屋はその豆腐がないと商売にならず、これぞご近所同士の共存共栄だ。

なくなってしまった門前仲町の名居酒屋「浅七」は冷奴にこだわり、注文すると皿に一丁、あと醬油だけ、薬味もなかった。仕入れていた豆腐屋が閉業すると、次の豆腐屋を探すまでおよそ一年間、品書きから冷奴は消え、ようやく次の豆腐屋を決めたが従前には及ばず、五十円値下げした。うまかったなあ、あの豆腐。

冬は湯豆腐だ。居酒屋の湯豆腐は鍋料理ではなく、一丁を温めただけの〈温奴〉になる。私は日本三大居酒屋湯豆腐を選定した。

一つめは盛岡の、開店五十年を過ぎた古い居酒屋「とらや」。温めた豆腐一丁に鰹節と刻み葱と海苔の山盛りだが、豆腐の上面に一味唐辛子を振ってあるのが酒に合う。客のほとんどが頼み、がらりと戸を開け、席に座らないうちからマフラーなどはずしながら、一言「豆腐」と注文するのを見るのはよいものだ。熱燗を一杯ツイーとやってから、さーっと醬油をかけまわして箸を出すうれしさ。いいですねえ、地方の酒場。

横須賀の古い居酒屋「銀次」も名物は一年を通して湯豆腐で、特大アルマイト鍋の鱒と昆布の出汁で温めてある豆腐に、辛子をぺたりと塗り、刻み葱と削り節を山のようにかける。特筆はそのつど鰹節を削り器で掻いて乗せること。その香りよ！　昭和二十九年、今の女将さんのご主人の亡くなった父が大工で手がけた店内は、当時そのままに時が止まったように静謐だ。鰹節を掻く鉋《かんな》はその義父・徳太郎さんの使っていた本鉋を裏返して箱に置いたものというのが泣かせる。品書き〈湯豆腐〉の下に「半丁もできます」とあるが、その半丁で普通の今の一丁の大きさだ。昔の人はこの倍の弁当箱のような大きな豆腐で悠々と盃を傾けたのだろう。今もレギュラーはもちろんある。

あと一つは三重・伊勢の、これも開店大正三年とかなり古い居酒屋「一月家《いちげつや》」、通称「げつや」だ。ここも客のほとんどが最初に注文する。豆腐は注文を受けてから、八十度くらいの深い湯に沈め、やがて浮き上がってきたところで取りだし、削り節と葱を山盛りにする。豆腐は熱過ぎても冷たくてもいけなく、この加減が最も「ス」が入らず柔らかさが残るそうだ。特徴は、かけまわす醤油たれにあり、伊勢うどん（ふわふわの柔らかな太うどんに、昆布や鯖節、煮干などから念入りにとった出汁の、甘辛く濃いたれをかけた、汁なしうどん）のたれと同じ造りで、うどん用ほどどろりとさせないのをたっぷりかけまわす。通は一味唐辛子ぱらりで味を引き締める。その旨さ！

以上が「日本三大居酒屋湯豆腐」。共通点は、豆腐は切らずに一丁を姿で出すことと、地方で半世紀以上も続く古い店ということ。まことに豆腐こそ、ニッポン居酒屋の要と言えよう。

究極の「冷や酒」と奥深い「常温」

ところで今、何を飲んでおられるだろうか。ビール→日本酒を前提にしているが、酒は冷やか、燗か。

冷蔵庫のない昔は酒を冷やして飲むことはなかった。そのまま飲めば「常温」だ。東京・神楽坂の文化財級の名居酒屋「伊勢藤《いせとう》」は創業昭和十二年。その建物は戦災で焼け、戦後の昭和二十三年に、荒木田土壁に三和土《たたき》の土間の大きな木造二階家で建て直したが、創業者（今の三代目の祖父）が昭和初期に通っていた日本橋の居酒屋にならって始めたという供し方は、今もまったく変わらない。静粛を尊び、冷暖房は最小限、冬は火鉢が置かれ、夏は団扇《うちわ》を渡される。肴はお決まりの一汁三菜のあとはお好み。月の晦日は蕎麦が出る。そして酒は、ビールはなく「白鷹」の燗酒のみ。冷やを注文すると「常温でよろしければ」と言われる。

今の日本酒、それも吟醸などは冷蔵庫保管が基本で、わざわざ「冷酒」と指定したものもある。たまによそからいただく一升瓶もほとんどクール便で届き、冷蔵庫保管を指定している。暑い夏などはビールと同じで冷たいことがおいしいからこれもありだが「昔はなかった飲み方」だ。昔は、早く飲みたい時は「酒、冷やでいい」と言った。つまり「本来、燗して飲むものだが、略式でかまわん」という意味だ。日本酒は温めて飲む燗酒が基本であることを確認しておきたい。

「そんなのいいじゃん、冷たい方がおいしい」はもちろんその通りで人それぞれ。しかし私は後で詳述するが、日本酒は「燗、常温、冷や」の順でおいしいと思う。

冷やは最近のことゆえ、冷やした酒をおいしく飲む方法や適した酒器がまだ定まっていない状態だ。氷を浮かべたオンザロックは氷が溶けて水っぽくなってしまう欠点があり、アルコール度数の高い(十八度とか二十度とか。普通は十五度)原酒ならばそれは防げ、変化を楽しむのもおもしろい。

しかし私は、より積極的に冷酒をおいしく飲む方法を長年研究し、結論を得た。

冷蔵庫から出してすぐ注いだ酒は、表情がなく、いろんな味が生きていない。つまり死んでいる、がおおげさなら、味が開いておらず、硬い一本調子だ。そこで一升瓶を振る、泡立つほど激しく振る。振った酒は空気を含んで軽くなり、味が立ってくる。これは燗する時も、常温も同じで、激しく振ることで酒を目覚めさせる。置いたままと、激しく振ったのを飲み較べたらすぐ結果は出た。これが基本（昔、学者的な酒の専門家にこれを話すと、それはそうだ、酒の分子がどうとか言っていたので、裏付けがあるのかもしれない）。

次に片口を二つ用意し、一つに常温の酒をなみなみ、もう一つに氷を山盛りする。酒を一杯ぶんほど氷の片口の上からそっと流し入れ、その片口から盃に注ぐ。氷をくぐった酒は瞬間的に冷え、冷蔵庫保存のように冷え過ぎない。またかすかに氷の溶けた水分が加わり喉ごしがよくなり、注いでしまえばそれ以上変化してゆくことはない。これにはグラスよりも茶碗や荒肌の信楽焼のような盃が合う。

これが「太田流・冷酒お点前」で家元は私（オホン）。酒の片口に青もみじを一枚浮かべれば風流、盃に注ぐときに片口を軽く「の」の字に回して滴を切ると優雅な所作になる。なじみの店でこれを始めると興味津々。「酒の銘柄を替えてみよう」と言うと「では氷も替えましょう」と応じたのはあっぱれだった。ぶらりと入った居酒屋でここまではできないが、グラスに氷を数個もらい、そこをくぐらせて別の器で飲むのはできるだろう。夏にはお試しあれ。

次に常温。常温とは気温と同じことで、冷たくも温かくもない。

皆さん、常温の酒を茶碗で飲んだことがありますか。その良さは「平明」。主義主張が何もないことの穏やかさ、それゆえに感じとれる味わい。水も「ああ冷たくてうまい」ではなく、「温まる白湯はいいね」でもなく、ただ「水」であることの奥深さ。これと同じだ。人生の晩年、夏の縁側で一杯の常温茶碗酒をしみじみ味わう境地にいずれなるやも知れぬ。常温の酒器にガラスは似合わず、盃でちびちびもしみったれて、やはり湯飲み茶碗がいちばんだ。そば猪口《ちょこ》もよく合う。

裃《かみしも》を脱いで、どかりとあぐらをかき、なみなみと注いだ茶碗酒をじっくり味わうのは男冥利《みょうり》。女性はやや鉄火肌になるが、浴衣姿なら風情もある。

しかし、常温の酒に最も合うのは木の枡だ。木の香りが日本酒をぐんとうまくする即席の樽酒でもある。伊勢神宮に見る如く、日本は木の国の文化。キリリと青竹タガで締めた白木杉樽の薦被《こもかぶ》りは日本酒の象徴だ。大きな神社に奉納酒樽はつきものだ。地鎮祭や固めの式の乾杯は宴会酒とはちがう常温ゆえ、木枡でおこなう。大きな祝い事の杉樽鏡割りは、山型に重ねた木枡を手にとる。その枡をいただいて帰り、自宅で使う。飲んだ翌朝は天日干しだ。

なぜ計量器の枡で酒を飲むのかというと、流通瓶のない昔は、酒を買うには容れ物持参か、通い徳利を借りた量り売りだった。前述したが、酒屋ですぐ飲みたいときは量った枡を受けとり直接飲む。そのうち「塩はないか」と注文が出て（塩は酒を甘くおいしくする）、田楽や煮染めなどを用意した煮売り屋になり、これが居酒屋の始めになったと言われる——閑話休題でした。

日本酒の本当の顔が見える「燗酒」

世界でも温めて飲むのが基本の酒は日本酒だけのようだ。

日本酒は戦中の酒不足でつくられた三倍増醸酒（米でつくった酒をアルコールで三倍に増やす）、いわゆる三増酒が戦後も放置された。味がない（三倍に薄めてあるのだから）のを補うためアミノ酸や糖類を加え、べたべたしてまずく、悪酔いすると散々な悪評の時代が続いた。

昭和四十年代に、本物の日本酒は地方の小さな蔵にありと、新潟の「越乃寒梅」などをシンボルにした地酒ブームが起きた。合言葉は「淡麗辛口」。それまでの日本酒は

「濃厚甘口」（濃厚＝添加アミノ酸、甘口＝添加糖類）だったゆえ、その逆の淡麗辛口は新鮮でヒットして日本酒の見直しが始まり、高級・本物志向の吟醸酒や純米酒がどんどんつくられるようになった。まさに日本酒ルネッサンスだったが、「高級酒は冷やで飲むもの」という誤った説も流布することになった。当時居酒屋で、名の通った酒を燗で注文すると「この酒はお燗できません」と何度言われたことか。

憤慨した私はあちこちに反論を書き、それも若干の功あったか、今やそんなことを言う居酒屋はなくなった。と、言いたいが「え？」という顔はされる。日本酒は黙っていれば冷やで飲むのが普通になったが、一方、燗酒に特化して燗の技術を尽す店もたいへん多くなった。しかし、燗か冷やかを書いていたらこの稿は終らないので、「どちらでもお好みでどうぞ」としておこう。

燗酒の良さは、その酒のすべての味が全開することだ。五味＝甘鹽酸辛苦。甘いか、辛いか、酸がきいているか。重厚か、軽快か、中庸か。男らしいか、女性的か。禁欲的か、享楽的か、セクシーか。華やかさ、力強さ、繊細さ、旨味、香り、喉ごし、余韻、肴との相性、などなど。冷たい食べ物よりも温かい方が味がよくわかるのと同じだ。

燗すると腰が抜けてしまう酒もあり、それはそれでそういう酒だ。概して重めの酒は、押し黙っていたのが、燗をすると雄弁に語り始めることが多い。ちょっと喋り過ぎる、主張がくどい、と思わせるものもあり、「あれ、こういう人だったか」と見直す酒もある。反対に何をしようと一本調子な単純な酒もある。親父の小言のように、黙って聞いているしかない辛口の酒もある。

私の好きなのは「いい女だなあ」と感じる酒だ。ある時、飲み友達に「この酒はどうだ」と聞くと、ぽつりと「むっつり助平」と答えられ、妙に納得したことがあった。まことに日本酒の燗ほど、豊かに表情の表れる酒はない。

吟醸酒は冷やがいいと言われるがそうでもない。吟醸燗をさぁーっと一杯やる爽快さは華やかだ。また「絶対お燗してはいけないのは生酒」とも言う。そのわけは「火入れ（しぼった酒に低熱を与えて醱酵《はっこう》を止める）せず、酵母を生かし瓶内醱酵を続けるために冷蔵保管しているのだから、お燗してはもったいない」と。

しかし私が一番好きなのが生酒燗だ。じっと生きて醱酵熟成してきた酒を、ここで火入れするサディスティックな快感（！）。生酒の燗は温めるにしたがって泡立ち、芳香が急激に立ち上る。きっと酒はびっくりして劇的に変化しているのだろう。「破瓜」という言葉も思い浮かぶ（コラ）。あまり熱くならないうちに取り上げて注いだ一杯は、生っぽいと思いきや、意外にもその反対に、ややカカオ風味の香ばしさで軽く、ラテン系の生娘が踊り出したようだ。おおげさと言うなかれ、ぜひお試しを。

燗に力を入れる店は今や大きな勢力で、この銘柄にはこの温度、このやり方と秘術をつくす。燗を頼むと「ぬる燗でいいですか」とよく聞かれるが、私の好みはぬる燗と上燗（いわゆる熱燗）の境目の温度。

このごろは面倒なので「四十五度」と温度を言う。ある時期、出された燗の温度当てに凝り「四十五度」「残念でした、四十四度」「グヤジー」などと軽口を叩いていた。大阪の銘酒居酒屋「蔵朱《くらっしゅ》」は、「燗は第二の熟成」とこだわり、ひとつひとつの銘柄に最適な温度、燗の方法を追求している。「燗の方法」とは、例えば、いったん六十五度まで上げてから急冷する。あるいは錫のチロリから徳利にじょぼじょぼと注いで空気を含ませる。低温湯でじんわりと時間をかける、などなど。

昔から居酒屋で最も大切なのは、酒の燗付だけをする「お燗番」だった。燗には、温度順応の高い錫チロリがいいが、鍋底に当てると、鍋の温度が伝わってしまうので、理想的には湯に浮いている状態がよく、そのためチロリは鍋にひっかける把手がついている。私は家で燗するときは手で持ってゆらゆら揺らし、鍋に当てないようにしている。

適温で引き上げると、徳利に移し替える。それは空気を含ませて軽くするためだ。

燗にはいろいろなやり方があるが、私がこれがベストと思うのは、一升瓶をそのまま燗する「瓶燗」だ。

山形・酒田の「久村《くむら》の酒場」は、創業慶応三年（一八六七年）の老舗「久村酒店」が、昭和三十六年ごろから屋敷の片隅で飲ませ始めた居酒屋だ。土間に小さなショーケース式カウンター（天面ガラスの下に並べた肴の皿小鉢が見える）を置いて始めたのが、座れない客が酒を持って屋敷の廊下に座るようになり、それならと廊下を拡げて畳を敷いて小机を置き、通称「松の廊下」と呼ばれるようになった。私の定席は壁を背にしたカウンター端だが、あるとき常連客から、この店の初心者はまず松の廊下に座り、カウンターに座れるまで三年、ガラス下を指さして「これくれ」まで五年、店のお母さんにタメ口きけるまで十年……「オレは十五年、五十歳、ようやくこちら側」と言われたのが壁側のその席。私は知らずに最上席に座っていた（汗）。

その席の横の石油ストーブに大きな寸胴が乗り、栓を抜いた一升瓶が二本、肩まで湯に浸かる。瓶底が直接寸胴に当らないよう、下には簀の子板が沈めてある。湯は指の入る熱さ。つまり、一升瓶をとりまくのは底も含めて湯だけで、酒も同じ温度で保たれている。これが瓶燗。ややぬる燗だが、それがちっとも冷めていかない。ぬるいお風呂に長く浸かると湯冷めしないと言うが、それと同じだろうか。一定に温め続けている酒はかぎりなく柔らかい。

また銘酒の一方の雄である埼玉の「神亀《しんかめ》酒造」を訪ねた時、まあ飲んでけやと蔵人たちと囲んだ酒は、同じように大吟醸一升瓶の瓶燗で、さぞかし酒の燗付にはうるさいのだろうと思っていた私は拍子抜けしたが、これがいちばん旨いんだと言っていた。

燗の良さを知るにはただ一つ。すいすい飲まずにじっくり「味わう」こと。口の中に長くとどめ、舌の隅々まで酒をまわして味を探り、ヨシとなったらぐびりと飲み干す。そして鼻で残り香を、喉でキレをみる。味がすぐ消える酒をキレが良いと言い、いつまでも口に残るよりも爽快で、また次の一杯がうまくなる。

どうです、お燗酒、いかがですか。

ひとり酒では何をすればいいのか

もちろん酒を飲んでいるのではあるが、居酒屋のひとり酒は慣れないと間がもたないものだ。といって携帯メールを見ているのは淋しい。

手っ取り早いところで「注ぐのを楽しむ」というのがある。燗酒はこれができる。徳利から盃に注ぎ、その手を盃に持ち変えて一口飲む。肴を一口つまんで、また徳利へ。手酌仕事があるのは良いもので、ここにリズムが生まれる。

徳利の細い首は酒を冷まさないためで、たまに見かける袴（徳利を置く木の器）も同じ目的だろう。熱源の貴重な昔は「温まっている」ことを大切に保持した。一口か二口で飲むように盃が小さいのも冷まさないためだ。しかしこれは「注いで飲む」という楽しい仕事を生んだ。酒を温めて飲む習慣のない西洋には「注いで飲む」楽しみはないようだ。

またこれは「さしつ、さされつ」と互いに注ぎ合う、酌をする楽しみをつくった。「まあ、一杯」と注ぐのは「御苦労さん」や「互いに元気でよかったな」などの気持ちの表れだ。もちろん好きな女性からのお酌はうれしく、また自分の酌を受けてもらえた嬉しさもある。酌は気持ちの通じ合い。日本人は言葉よりも、眼差《まなざ》しや行為で気持ちを表す。夫婦げんかで押し黙ってしまっても、酌の手が伸びればそれは和解へのサインだ。男同士の難しい話も、黙って注ぎ合うことで間をもたせ考えを練り、おもむろに「それはだな」と口を開く。

ひとり酒はこれを一人でやる。酒を注ぐ相手は自分だ。つまり自分と対話する。ここに独酌の神髄がある。

たいていはまず仕事のことを考える。今日の会議でオレは発言すべきじゃなかったか。上司が言っていることは本音だろうか。オレもいい歳になったが、今の状態を続けていていいのか。こうなりたいと思っていた人生を歩んでいるだろうか……。いずれ両親の、いやカミさんの両親もいるから四人の親の面倒をみなくてはならない。介護はたいへんだ。まずはカネだな。まあ、先悩みしてもはじまらないか……。このところ忙しさにかまけて夫婦の会話も足りないな。他愛ない世間話でいいんだ。しゃべることが大事だ……。

居酒屋に誰かと来ると、その人と話さなければいけないから、これができない。ときどき自分を見つめることは大切だ。その時にはお茶じゃだめ、酒でなければ。

また家ではこれはできない。押し黙って酒を飲んでいるのは家人に不安を与える。となれば居酒屋だ。

東京・大塚の居酒屋「江戸一」の大きなコの字カウンターは一人客が多い。最近は女性の一人も多く、堅いスーツ姿の霞が関のキャリア風女性の独酌も見る。その人はここが自分に帰る場所なのだろう。江戸一は悠然たる女将を軸に、店に立つのは女性ばかりだから、そういう居易さもあるのだろう。

一人客が多いから店は満員でも静かだ。その静けさは重苦しくはなく、むしろ居心地に満足しきって、喋る必要のない静けさだ。自由が丘「金田」や湯島「シンスケ」もそうだが、古い居酒屋はおおむね静かで、それがひとり酒の居心地になる。

前述の神楽坂「伊勢藤」は、壁に大きく〈希静〉の貼紙があり、会話の声が大きくなると、囲炉裏《いろり》に端座する主人に「お静かに願います」と注意される。私もされた。「そんなの御免だね、居酒屋で賑やかにやって何が悪い」と言うのは当然で、それには別の店がある。しかし、ある年齢になると「静か」ということがじつに贅沢なものであるとわかってくる。若い者には無理だ。

そこまでゆかないが、賑やかな店の片隅で、「オレはオレ」と独酌もいいものだ。初めはいろいろ考えるが、酒が二本、三本と進んでくると次第にそれも面倒になり無念無想、考えることはただ一つ、「次、なに頼もうかな」だけになる。これが最高の境地だ。一人静かに何も考えずじっとしている。手には盃。「ひとり酒で、何をしているか」の答えはこれだ。

しかし何もしないのも飽きてくる。そんなときは店の観察をすすめる。私は建物に興味があり、古い居酒屋は見所豊富だ。一例をあげよう。

オタク文化の中心、東京秋葉原の、喧騒で頭が痛くなりそうな一角に、往年の料理屋の風格をもつ大きな木造総二階が黒塀に囲まれて忽然《こつぜん》と建つ。白壁には「大衆割烹」の鏝文字、看板「酒泉　赤津加」「菊正宗」の大きな一枚板扁額も上がる。外壁にかかる、品書き札を並べた庇つきの箱は、かつてこのあたりは花柳界だった粋な華やぎを感じさせる。建物は昭和二十七年に待合に作られたが、二年後、神田明神下に進出するために空き、近くの赤塚酒店が居酒屋を始めた。赤塚さんだから「赤津加」だ。

小さな玄関を入ると、黒玉石洗い出しの床から太い天然丸柱がくねくねとコブを作ってねじれ立ち、てらてらと艶を放つ。床が沈んだのか、コの字カウンターが少し斜めになっているのがご愛嬌だ。テラゾー（砕石をオコシのように固めた人造石）の腰壁、カウンター上の檜皮葺き庇、下がる吊り行灯、小窓をつけた袖衝立、舟底天井の網代編み、などなど、店の粋な造りは待合の名残で、左の卓席は衝立で微妙に人目を避け、男女の機微を知る昔の棟梁の気のきいた設計だ。小間の大きな障子窓はカウンターに近く、注文するときは障子を開けて座ったまま声をかけ、また閉めればよい。人目を忍ぶ酒には最適、ここで好きな女性と飲んでみたい。店にただよう雰囲気は待合の色っぽさプラス東京・神田の俠気だ。古い居酒屋建築にはこういう楽しみがある。

主人、女将とはさらりと話す

居酒屋の楽しみの上級として「店の主人や女将と話をする」がある。

これは初めは無理をしないほうがいい。居酒屋は、カウンターに陣取り主人相手に丁々発止だ、とばかり、最初から「オススメは何？」「今はやっぱり鮎だねえ」「料理はどこで修業した？」などと喋りまくる人がいるが、店の方は相手がどんな人かわからず、適当に相槌《あいづち》をうつしかない。そういう人はまた、一人で主人を独占し、店の主役顔をしたがる。自分に自信がなく、静かに飲んでいるのが不安な裏返しだ。会社でも出世しないぞ。

そうではなく、店の方から「なんとなく感じの良い人だな、どういう人か、ちょっと話でもしてみたいな」と思われてから、おもむろに口を開けばよい。その店を気に入り、長く通いたいと感じ始めたのならなおさらだ。長いつきあいは、じっくり始めるべし。

まずは末席で普通に飲んで食べて、お金を払って帰る。二度目、三度目になれば店も顔を覚えてくれ、「まいど」で迎えられ「どうも」と答える間柄になる。そうなればカウンターに座っても自然で、主人も「さあ、今日はこの人と」という雰囲気になるだろう。そのタイミングだなと思った初手の話題は「これ、おいしいですね」が最も無難だ。そこにある食べものの話なら答えやすく「ありがとうございます、たいしたコツもないんですが、ちょっと寝かしとくんですよ」「ほう」となる。大切なのは、主人が答えやすいこと、自慢できるような話題に持っていくことで、難しい質問や考え方などは厳禁。リタイア親父が「オレはこのことには少々うるさいんだ」と妙に専門的な質問をして自分に一目置かせようとするのは下の下と心得よ。そういう人は「へえ、お詳しいですね」と言われようものなら鼻高々にしゃべるしゃべる。これが最低です。

また女性に多いが、個人的な質問はいけない。「あの方、奥さん?」「見合い?」「お子さんは?」「どこの学校?」アカの他人にそんなことを言いたくなく、主人は敬遠して向うに行ってしまう。要は無難な話に終始すること。天候の話などは口火に最適。

「昨日の雪はすごかったね」

「まったく、この歳で雪かきですよ」

「どう?　腰は」

「いやそれがもう……」

「ははは、オレも、お互いさま（笑）」

女将に「○○さんはお酒が好きそうですね」とでもふられたなら、

「いや、これしか芸がなくて」

「でも、けっこう料理も召し上がるし」

「美人女将の勧め上手に負けてね」

「言うわね、今日の里芋はおいしいわよ」

「いただきます（笑）」

この（笑）が大切。居酒屋のカウンターで知識や考え方を開陳しても始まらない。誰にとっても罪のない話で要所に笑いをはさむ。後に何も残らない。これが居酒屋主人との会話のコツだ。

居酒屋が見せてくれる人の世の姿

店の人の仕事ぶりも見よう。

カウンターの真ん中で常連と話しこむ主人は六十がらみ。脇で黙々と包丁をつかう若い板前は息子か。無口な美人は主人の娘さんらしいから入り婿かもしれない。勘定台は主人のおかみさんだろう。いささか歳はいったがこの人の陽気なお愛想が店を明るくしている。私の好きなのはエプロンがけでひっそりとお運びを手伝う、主人の母らしき婆さんだ。徳利一本でもお盆をつかい、丁寧に頭を下げる。お年寄の身に付いた行儀は本当に気持ちがいい。こんど運んでくれたとき何か声をかけよう。

東京・浅草観音通りの居酒屋「志婦や」は通い始めて長い。もともと魚屋だったが、継いだ渋谷春夫さんが昭和三十三年に居酒屋に変えた。渋谷さんだから「志婦や」だ。元気なお父さんを中心に、清一郎、貴の息子二人が板前と焼方で脇に立ち、愛想のよいおかみさんが店を仕切る。

兄弟の嫁さんはともに浅草っ子の美人。夕方早く行くと、兄弟夫婦の幼娘が学校から「ただいまー」と帰ってきて二階に駆け上がり、すぐまた飛び出し、お婆ちゃんの「転ぶんじゃないよ」の声が後を追う。お母さんに行く先を聞くと「塾」と答えた。

ある頃、春夫さんがカウンターに見えず、いささか体調をくずし二階で寝ているという。見舞いを言って飲んでいると、春夫さんが階段を下りてきた。寝間着姿ではない、きちんとズボンに上着だ。病身といえども客前には身なりをつくる江戸っ子の矜持《きょうじ》を見た気持ちがし、私は立ち上がって見舞いを述べた。

その後、春夫さんは亡くなり、厨房は兄弟二人で仕切ることになった。ある年の三社祭の日に顔を出すと、浅草っ子の嫁さんはハッピ姿に、髪は襟足きりりと結い上げ、手拭い鉢巻の神輿《みこし》姿で、店そっちのけで駆け出して消え、清一郎さんと苦笑したものだった。

やがて弟の貴さんは近くに自分の店「喜よし」を持ち、お母さんはそちらを手伝うときもある。同じく三社祭に喜よしで飲んでいると、神輿担ぎで疲れ果てた清一郎さんが「水くれ」と駆け込んできて、はからずもお母さん、兄弟と顔を合わすことになった。私はここを勝手に浅草の親戚と思っている。

長々と書いたのは、家族の働く姿を見られるのは、私にとって居酒屋通いの喜びの最上位にあるからだ。酒は主観的なものだから、どんな名酒もその場の雰囲気でうまくもまずくもなる。一方、若いお嫁さんの気働きを見たり、板前が目つきも真剣に包丁をもつ光景を目にすれば、酒は格段にうまくなる。働いているお年寄りは老けないというが、人前に出る仕事であればきちんと身ぎれいにしている良さもある。そうして家族で働く姿ほど清々しいものはない。

家族経営の良さは、働けば働くほど全員がうるおう明快な勤労だ。仕事の場が自分の家であれば、大切に清潔に使う。その気持ち良さ。また客商売であれば、仮にそれまで口げんかしていても客前では笑顔になる。つまりその家族のいちばんよい所だけを見ていられる。そして、家族は大切だ、家族で働くということは貴いことだという気持ちがわいてくる。それを居酒屋で思う。

私はある年齢になってから、居酒屋に老主人がいると長寿にあやかるつもりで手を握らせてもらうようになった。最高齢は金沢「大関」のご主人だ。店の入口にお餅のようにぺたっと座っておられ、百歳という。馴染みのお客さんに挨拶するだけだが家にじっとしているよりここに居たい。客はその顔を見に来る。土地の要職、市長、議員のような人も頭を下げてゆく。帰る時に手を握らせてもらい、いい思い出になった。

奈良の蔵造りの居酒屋「蔵」で、何度目かのある時、白髪に白割烹着の先代お婆さんが能の媼《おうな》のように悠然と店に現れると、客はそれだけで拍手を贈った。お婆さんは何を言うわけでもなく皆に軽く会釈をする。九十四、五歳だったと思う。その時も帰りに手を握らせていただき、ありがたかった。三年ほど前、様子を聞くと「悠々自適で、施設に入りまして」と言い、見せていただいた携帯写真のお顔は、すでに性別を超えた哲学者のような風貌だった。その後も訪ね「去年九十九で亡くなりました」と聞き、携帯写真に手を合わせた。働くお年寄りの姿を見られるのも、居酒屋通いの喜びの最上位にあるかもしれない。

客席も眺めてみよう。

四人机でワハハワハハと笑っている中年男三人は愉快そうだな。男が笑っているのはよいものだ。隣りのカップルはひっそりと声寄せ合って仲がいい。まだ恋人の間柄だな。まあやってくれ。それに較べてあの中年男と若めの女はあやしいな。男がやたらサービスしているのでわかる。不倫かな、余計なお世話か。

別席の中年二人は夫婦だろう。会話をしないのでそうとわかる。奥さんは食べるの専門だが、たまにご主人にお酌しているのがうるわしい。以心伝心。夫婦で居酒屋に入るなんていいな。あそこの若いの四人は議論だ。酒が入ってますます譲らない。まあそうカッカするな。でも若い者はそのくらいでなくちゃ。

ひっそりとカウンター端に座る初老はリタイアした人だろうか。リタイアしたが家に居る場所がなく、ここに来ているのかもしれない。肴は焼油揚か。わかる、オレと同じだ。離れて座るあの男、まだ若いがうつむいて何か考えているようだ。抱えた問題を居酒屋でかみしめる。オレもそういう時があった。いつも結論は「しゃーない、また明日」だったけど。

美人女性ひとりも大いに気になる。背筋が伸び、盃を持つ手が上品。肴はれんこんのきんぴらか。小説にこんなのがあったような気がする。お、男がやってきた。なんだそういうことか。オーイ、酒もう一本。

いろんな人が、いろんな境遇を背負って居酒屋にやってくる。酒を飲む理由は人それぞれだ。楽しい酒も、希望の酒も、淋しい酒も、失意も落魄もあるだろう。眺めているのは世間だ。人生の縮図かもしれない。こういうものを見られるのは居酒屋しかない。

――人の世の姿を見る。これが居酒屋の最大の良さである。

人よんで「好酒一代男」

居酒屋で人の世の姿を見る。あるいは無念無想、無の境地に入る。それは「群衆の中の孤独」を楽しんでいると言えるだろう。

だから居酒屋で客が自分一人しかいないのは落ち着かない。

また、一人なら家で飲む方が安上がり、気楽なのにそうしないのは、他人の中に自分を置きたいからだ。人は誘わないが、人嫌いで山に行くのとは違う。

ほどほどの喧噪にあって、かえって一人であることを自覚し、その孤独を楽しむ。これは近代都市に生まれた感覚ではないだろうか。明治から大正、昭和に至り近代の都会が生まれ、そこに人ごみができると、目的もなくそこを周遊する楽しみが生まれた。人ごみに自分を埋没させるのは、顔を知られている田舎ではできないことだ。まわりの人は誰も自分のことを知らない、何をしようが、どこへ行こうが勝手というのは、やや背徳的な自由の感覚がある。これは近代の意識だ。

他人うずまく群衆への埋没を楽しむといっても、どこか座りたくなる。そこで酒を飲めるカフェや酒場が生まれた。料理屋の座敷で女性に酌をさせて飲む酒とはちがい、一人でふらりと入り、適当に飲んで、勘定して帰る。それを楽しみにする人種も出てきて、腹を満たす飲食はもちろんだが、店を楽しむということも生まれた。したがって、それほど腹が空いていなくても居酒屋に入る。それが習慣になる。

私も、主人は顔なじみ、知った常連もいるなじみの店をあえて避け、初めての店に入り、飲むときも多い。そこには誰も自分を知らない気楽さがあり、話し相手がいないので百パーセント、居酒屋に集中できる。

その反対に、あの親父の顔をしばらく見てないな、誰かと話しながら飲みたいが人を誘うのも面倒、あそこに行けば誰かいる、という店に顔を出すのも、もちろん居酒屋の良さ。一人飲んでいるそこに「お、来てるな」と顔なじみが現れるのは良いものだ。「しばらく行ってないな」という理由だけで行く店、いわゆる「顔を出す」ために行くようになれば常連だ。男はこういうつき合いができなければいけない。

こんな常連店を、場所を変えて五軒持ちたい。銀座、新宿、湯島、神楽坂、浅草あたりを周遊する。つまり愛人が五人いて順繰りに顔を出す（女性よ許せ、いや女性でもできますぞ）。「何を勝手なことを言ってるんだ」と叱られそうだがそういうものです。そして時々行きずりの浮気もする（よさそうな初めての店に入ってみる）。もちろん浮気だから手ひどい失敗も覚悟のうえだ。

——これが「好色一代男」ならぬ「好酒一代男」でございます。

東京居酒屋御三家。変わらない「流儀」「居心地」「品格」

その五人の愛人——失礼、なじみの店は、女性同様（これまた失礼）、好みは人それぞれだ。丸顔、うりざね、陽気、セクシー、いろいろだ（さらに失礼！）。

しかし万人の認めるいい女もいる。居酒屋にも名店とよばれる店がある。自分にマッチするかどうかは入ってみなければわからないが、あちこち居酒屋に慣れてくると、そういう定評の店を経験してみるのも悪くないのではないか。もちろん人により「気に入らない、どこがいいんだ」は十分ある。と言い訳をしたうえで私の思う「東京居酒屋御三家」を書いてこの章の終わりとしたい。

根岸の「鍵屋」は、安政三（一八五六）年、酒問屋として開業。昭和初期から店の隅で一杯飲ますようになり、戦後からは本格的な居酒屋として江戸時代の家で酒が飲めると評判になった。先代主人・清水幸太郎は近代的な人で「居酒屋だからといってそれらしく（例えば半纏《はんてん》など）することもない、普通の白ワイシャツでいい」と通し、魚拓・能・詩作をよくし、多くの文人と話を交わせた。玄関の達筆暖簾は本人の筆だ。無名時代の山口瞳が飲みに来て出る時「競馬で、すって金がない」と言ったのを警察に突き出し、後に直木賞受賞を知り「あの人がねえ」と話したそうだ。現主人である息子の賢太郎さんは幼い頃から店を手伝わされ、永井荷風にあやされ、高橋義孝に宿題をみてもらい、谷崎潤一郎に学校の様子をきかれた。

昭和四十三年、言問通り拡張にともない、建物は小金井の「江戸東京たてもの園」に移築保存され、後年私はそこを訪ね、当時の店内を懐かしく思い出した。

今の店は言問通りを一筋入った裏道、大正時代に踊りの師匠の住んでいた家を店に改造した。椿の大樹を脇に黒塀で囲んだ木造二階家は、小ぶりながらも落ち着いた戦前の東京を感じさせ、開店五時の薄闇に白暖簾が置行灯にぽおっと照らされる光景は美しい。

がっしりした関東造りの店内は先代が懇意の棟梁にまかせ、腕をふるわせたものだ。剛直で粋な江戸前仕事で、厚い楓のカウンターと、小上がり四畳半に置かれた昔の座卓がいい。江戸の古道具や往年の清酒、ビールのポスターが目を楽しませる。正面のカブトビールは名妓とうたわれた芸者・万龍がモデルだ。季節により替わるポスターは前の店の天井裏から続々出てきたもので、先代がとっておいたのだろう。

先代から使い続けている六穴の銅の燗付器による賢太郎さんの、背高細身、白無垢の古風な関東徳利をあやつる燗付の腕さばき、燗具合はみごとで、一本目はややぬるく、二本目からは少し熱く出す。鰻くりから焼、煮奴、たたみいわし、かまぼこ、大根おろしなど、小さな板に書いた十五、六種の肴は昔のままだ。

白布を頭にした女将さんは無駄口たたかず、きちんと腰を置いて注文をうかがう。女性だけの入店はお断り。昔、先代が亡くなったあと店に立った奥さんにそのわけを聞くと「だって変でしょ、昔は女だけで酒の店に入るなんてなかった。女は殿方に連れてきてもらうものよ」と明快だった。カウンター上から下げた鐙《あぶみ》につねに飾る白百合は奥さんが決めたもので、正月だけは松、春は一回だけ桜になる。

東京で私のいちばん好きな季節、晩秋に、畳の小上がりの昔の座卓にあぐらをかき、この頃から出す煮凝《にこご》りを肴に燗酒をやると、東京に住む幸せをしみじみと感じる。また、その年の最後の居酒屋をここにするのもいつしか習慣になった。

昔の東京下町の情緒そのままに、路地裏で静かに酒を傾けられるありがたさがここにある。

湯島天神下「正一合の店　シンスケ」は、大正十四年、神田明神下の酒問屋「一木商店」に奉公していた初代が始めた。店名は一木商店次男の名が気に入っていただいたが、そのままでは失礼とカタカナにした。

湯島天神、男坂女坂の出合うひざ下、黒格子に続く杉玉（酒林）の下がる長い縄暖簾の玄関。木賊《とくさ》が緑を添える蹲踞《つくばい》から主人が通りに水をまくと開店だ。湯島天神祠の上がる白木の店内はカウンターがすらりと伸び、薦樽が二段重ねに三樽鎮座、並ぶ清々しい白徳利に布巾がかけられる。

余計な飾り物は一切ないすっきりした江戸＝東京の美学が一本筋を通し、パッチに両関前掛け、縞の半纏、突っかけ草履、頭に細く巻いた手拭いの決まる三代目主人が、「ほーい」と春風駘蕩にお燗番をつとめる。

酒は一木商店であつかっていた秋田「両関」のシンスケ別製。名入り徳利の、青線上一本は樽酒、下一本は純米酒、無地は本醸造だ。肴は東京の居酒屋料理として最高に洗練され、ぬた、岩石揚げ、あじ酢などは人気だ。

客は近くの東大、芸大の先生から、早じまいの職人まで。話題は相撲と落語。大相撲の場所中だけはカウンター隅の小型テレビで中継を音無しでつけ、結びの一番が終るとぱちんと消す。相撲以外にテレビがつくことはない。東京本場所のある時は湯島町内会で呼んだ触れ太鼓がシンスケにも入り、客前で初日取組を読み上げ、店は祝儀を渡す。大声、泥酔は御法度。常連たちはシンスケの気っ風を愛し、守り、自分もそこの客であることを自負する。つまりは野暮を嫌い、粋を尊ぶ。

私は通って三十年。自分には格の高い店だったが、いつしかここに通うことで東京人気質というものを知るようになった。そしてそういう格のある店に通い続けることは自分のためになるとも知った。平成四年、ホテルニューオータニでの「創業六十六年を祝う会」、平成十八年、帝国ホテルの「創業八十周年を祝う会」にも呼んでいただき、居並ぶ来賓紳士や婦人の隅でかしこまっていたものだ。

三代目主人を支える四代目は、大学を出てずっと海外を歩きまわり「そのうち帰って来ますよ」と主人にのんびり構えられていたが、その通りになり、やがて美人の嫁もとった。彼の結婚披露宴の挨拶「父母の仕事を継ぐ、そしてこの湯島という地を決して離れない」に三代目父母がそっとまぶたをぬぐった光景を忘れない。その言葉にとどろくような拍手がおきた。

四代目は厨房に立つが、このごろはカウンターに顔を出すようにもなった。この春とどいた年賀状には五代目誕生の写真がのっていた。まあ、私は一生通いつづけるでしょう。

大塚の「江戸一」は、戦前は酒屋で飲ませ、戦後居酒屋になった。三十年ほど前にビルにしたが風格ある構えと内装は変えていない。店内を一周する厚さ三寸もの堂々たるコの字カウンターは、樹齢六百年の檜を一年半乾燥させた銘材で、日本にはなく台湾から運んだ。

席に着くと四国松山の木地師、塗り師に特注した銘々盆が置かれるのが、この店の特徴を表す。すなわちこの店はひとり客がたいへん多く、一人一盆がその象徴で、机に皿小鉢を並べて皆でつつき合うという酒の飲み方ではない。酒は四斗樽の「白鷹」と「泉正宗」を基本に、カウンター中の板の間に全国の銘酒がならぶ。白鷹はおだやかに、泉正宗はさっぱりとどちらも樽香を楽しめる。ここで酒と言えば「燗酒」のことで、常温でも出すが、ほとんどの客は燗酒を頼む。常連客の好みの銘柄、燗具合は熟知し、黙っていてもその通りにことが運ぶ。

名入り白徳利が整然と並ぶ燗付台の周りは聖域の空気がただよい、お燗番は指の腹が温度計だ。台所口に並ぶ品書き札は、刺身、〆鯖、穴子煮、つくね、豆腐、冬のナマコなど東京らしい品で値段は安い。焼魚は甘鯛、カレイ、鯖などその日の魚を書いた紙を渡されて選ぶ。

台所は男、注文受けと運びは女性の店を引き締めるのは「巣鴨のお地蔵様の生まれ」という大女将だ。花柄の割烹着でレジ前に座り、時々立って客に声をかける。大塚は粋筋の町で、女将のさっぱりした口跡は心地よく、徳利が五、六本も並ぶ飲みすぎの客は「もうおやめなさい」とたしなめられ、終った徳利や皿を数えて算盤《そろばん》を入れられる。威厳のあった女将さんだが、最近は丸くなったようで、私も口をきいてもらえるようになった。

柾目剛直、直角を強調した武張った店内は、背筋を伸ばして姿勢よく飲まねばならない空気がある。大衆酒場におなじみの、客同士が顔を見合うコの字カウンターが、ここほど舞台に感じられる所はない。ひとり客が多いから店は静かだが、それは重苦しいものではなく、座っている満足感が言葉を必要としないからだ。むしろただようのは、互いに独酌し合う連帯感だ。酒を飲むのはここと決めて何十年も通う客が多いのもそれゆえかもしれない。

御三家に共通するのは、どこも酒屋が出発だったことだ。それゆえ酒が第一で、燗酒が基本であることも共通している。肴は酒がすすむものばかりでご飯ものはない。ご飯は家に帰って食べなさい、ということだろう。

二代目、三代目と守り続けて来た店の流儀が変わらない居心地となり、常連に安心感をもたらす。何もかも変転きわまりない時代に、変えないと決めた「品格」が御三家の由縁だ。若い時にここへ入っても落ち着かないかもしれない。しかし人生の経験を経て、本当に価値のあるものが見えてきた年代ならば、居心地のよさを感じるだろう。

そして言いたいのは、たかが居酒屋だが、その日その場で適当にすませるのではなく、よい年齢になったら自分にふさわしい店を決め、自分の居場所とすることだ。仕事場でも家庭でもない、もう一つの自分の居場所をもち、自分だけの時間とするのはよいことだ。家族も、一人で出かけたけれど居る場所はわかっているのは安心だろう。そこのいつもの席に座り、自分一人に帰る。自分を見つめてみても、あるいは何も考えなくても、それは充実した時間であり、充実した人生だ。

第二章　いかにして居酒屋評論家となったか

花の銀座で居酒屋デビュー

私は「居酒屋評論家」などと肩書きされるときも多いが、怪しげな呼称に自ら苦笑だ。肩書きは先方の希望に応じてなんでも、と無責任にしているが、正しくは私の本業はグラフィックデザイナーだ。大学を出て銀座の資生堂宣伝部にデザイナーとして入社し、およそ二十年勤めて独立。都心に小さなデザイン事務所をもつようになった。それがいつのまにか「居酒屋ヒョーロン家」（笑）。その転落哀史を、誰にもある「わが飲酒史」と重ねて書いておなぐさみとしよう。

一九六四年、東京オリンピックの年に私は大学進学のため信州松本から上京した。貧乏学生ゆえわずかな学資は画材代に消え、外で酒を飲むことなどできなく、たまに下北沢の一間下宿に仲間が集まると、それぞれのポケットの有り金を座布団の上に集め、それで酒やつまみを調達した。もちろん部屋に冷蔵庫はなく、当時ビールは冷えているものは十円高く、思い切ってそれを買うかが問題だった。

椎名誠さんの青春時代を描いた傑作『哀愁の町に霧が降るのだ』（新潮文庫）に、小岩のぼろアパートで共同生活する仲間が、ビール飲みたさに、夜の酒屋の裏から四本失敬した（四本は両手で持てる限界）という逸話が書かれ、反省陳謝の弁とともに、実行者は本人だが、飲んだ共同正犯は後に高名な弁護士になったと〝暴露〟している（笑）。ああビンボー青春よ。

その通り、私もやりました。四本でしたが、飲み終えた空瓶をちゃんと元に戻しに行ったのはいささかの後ろめたさからであろうか（「いささか」じゃない！）。

六八年に資生堂に入ると酒環境は一変した。宣伝部は酒飲みが多く、新人の私は夕方五時前になると、八丁目・金春小路の「宣伝部の台所」と言われた居酒屋「樽平」に、「先に行って席をとっとけ」と出された。

初めのうちは四人掛け机で一人神妙にお待ちしていたが、そのうち慣れるとビールをとって一杯やり始め、先輩がやってきたら「すみませんお先に」「おう」と野暮は言われなかった。

この「先待ち」は案外な効果があった。先輩がなかなか現れない時もあり、その間はひとり酒だ。机には四人分の盃、箸がならべ置かれ、自分のだけ先に出たお通しを肴に、しばらくしのぐ。飲みながら壁の品書き札を見て、頼むならあれだなと見当をつける。

つまり「一人で居酒屋で酒を飲む」ことがこの時から自然になったのである。そこには、今は一人だがやがて人が来るという安心感もある。今でも居酒屋で飲む約束や集まりがあると、ひと足先に行き、一杯やって待つのは楽しみな習慣になった。

いよいよそろって飲み始めると、もちろん仕事の話ばかりだ。制作中の内容もあれば、「あの会議の発言は形だけ」という本音、「実はな」という裏話など、酒が進むと次第に生臭くなる。原理や論をふりかざした学生時代にはなかったこういう大人の話はじつにおもしろく、先輩のひと言ひと言を聞き逃すまいと耳をそばだてていた。

そして知ったのは「酒を飲んで話をするおもしろさ、そうさせる酒の力」だ。酒が入ると気持ちがゆるみ、放言も飛び出し、素面《しらふ》ではわからないその人の魅力や一面、この人はこういう考えを持っていたんだという驚きや、意外な人間味などが現れる。もちろん先輩が誘ってくれるのは、酒を飲ませて新人の人柄や本音を見ようと思うからだ。酒を飲ませれば人の本質が現れる。「君はどう思う」とよく聞かれ、私は酒の上でもあり、熱をこめて語り、先輩はじっと耳を傾けていた。

また、一番下っ端だから酒席の維持管理に気を利かせるのも忘れない。酒の追加や、肴がなくなると「何か適当に頼め」と言われ、その席に応じてバランスよく（自分の食べたいもののもちゃっかり入れ）注文し、「お、いいものとったな」などと言われるのがうれしかった。「注文はよく吟味して」はこのとき身に付いたか（笑）。

最もありがたかったのは毎回先輩が払ってくれたことだ。上司はそういう金を持っていたのかは知らないが、店を出て「ごちそうになりました」と大声で言えば「おう」で済む。金の心配をせずに酒が飲めるとは会社とはなんとよい所だろう。そうしてサラリーマンとしての自分を鍛えていったが、おかげさまで酒も鍛えさせていただいた。

後に知ったことだが「樽平」は創業昭和二年の老舗で、銀座のこのあたりは奇跡的に戦災を受けずに残った。一階の入れ込みだけでなく、大勢になるとせまい階段を上がった二階座敷だ。戦前のままの座敷は少し傾いていたが居心地よく、後年古い居酒屋をさがして歩くようになったのもこのあたりが原体験かもしれない。

江戸時代に能楽金春流の屋敷があったことから名がついた金春小路は、銀座で最も古い小路の風情をもち、表の銭湯「金春湯」は創業なんと文久三年（一八六三年）。金春芸者が湯をつかったとか。私も風呂なしアパート住まいの身で、会社が忙しく、残業して家に帰っても銭湯が閉まっていそうなときは、夕方会社を抜け出して金春湯に行った。男湯は今から仕事の板前など、女湯はきれいなお姐さんで混んでいたのは伝統か。

樽平は山形の樽平酒造の直営店で、酒は日本一の辛口「住吉」に、名物は玉こんにゃく、むき蕎麦、芋煮、なめこ豆腐、冬のひげ鱈ちりなど。これも後年知ったことだが山形出身の作家・藤沢周平は自身の直木賞選考結果をここで二度待ったが、二度とも報はなく、三度目は場所を変えて受賞となった。縁起がわるいのではない。やはり山形出身の井上ひさしはここで朗報を受けた。

今から思うとここが居酒屋デビューだったのは、私の居酒屋観にふたつの影響をあたえた。

ひとつは銀座であることだ。銀座は裏小路の居酒屋でも客筋はよく、りゅうとした身なりの紳士が悠然と盃を傾ける。クラブの美人マダムとひそひそと一杯やり、それから店に行く「同伴」も大勢いた。おかげで豪華な着物のきれいな方もタダで眺められた。一方、あこがれの銀座の一杯に上気してご機嫌なお上りさんもいる。会社が銀座の我々は、花の銀座も高級クラブなどは成金やお上りさんの行くところ、地元民は古い居酒屋の常連さ、という心意気があり（実際はクラブなどに縁がないことの裏返しだが）、宣伝部の酒は銀座以外一歩も他所には出なかった。

これは居酒屋といえども、姿勢良く、粋に、大人の飲み方をするという基本になった。

私は場末志向おおいにありだが、「一流繁華街で地元の人が通う店」を探すのも好きだ。まあ、銀座育ちだもんね。

もうひとつは、常連の居酒屋を持つことだ。樽平は通い始めてすでに四十年以上。店長も板前も何代も替わったが、店の来し方は私の方が知っているだろう。なじみ店のよいところは何も考えずに入れること。「あそこに行けばなじみがある」という安心感は、居酒屋ライフ（？）の基本だ。今でも当時の同僚と「樽平でな」ですべて通じる。これはまた一つの店が変わらず続いているあり難さで、ヘタすると店ある限り死ぬまで通えるかもしれない。

やがて青山、六本木。業界人な夜

銀座を一歩も出ない日々は、もちろんデザイナーとしての修業の日々だ。戦前から西洋のモダニズムを取り入れた資生堂デザインは求められるレベルが高く、自分たちの仕事を「作品」と呼べる「作家」たれという誇りがあった。

基本は「優雅と気品」。大学出の若造には何も仕事を与えず、伝統の資生堂書体を書くことから「資生堂のデザイナー」にしてゆく。鬱屈《うっくつ》した大学時代を送った私は文字通り「ここが正念場」と腹を据え、毎日最後の一人が帰るまで会社に残り、それから先輩のデスクを見て昨日と変わったところを学んだ。飲んだ後にまた社にもどることも多く、銀座漬けの毎日が続く。

今はないと思うが「自分の勉強になるなら」とデザインのアルバイトも黙認され、社員でありながら作家集団であるという空気があった。私はアルバイトで手がけたポスターがわりあい良くできたので、試みに「第一回世界ポスタートリエンナーレ・トヤマ」という公募に出したところ銀賞受賞の報せがあった。翌日制作室長に呼ばれ、クビではないだろうが大目玉覚悟で出頭すると「おめでとう」と言われ、なんとよい会社かと思った。

一方、デザイン業界は作家を中心とした団体がいくつかあり、社員でありながらフリーのデザイナーに伍して交流してゆくことも当たり前、むしろそのくらいでなくてはという気風もあった。会社の仕事で二、三、デザインの賞ももらうと、資生堂の若手デザイナーとして自然に外の人との交流が深まり、刺激になる、一緒に仕事を組める才能と出会えるかもしれないと、おおいに会社から外に出るようになった。そうなると酒も銀座を離れ、青山、六本木、西麻布など、いわゆる業界人が集まる場所に変わってゆく。

気楽な単身の私は、仕事も酒も、いくら夜おそくなっても簡単に家に帰れる所に住むようにした。資生堂に入社したはじめは京成線東中山にある独身寮に入ったが、酒のはしごの最も佳境に入った頃に終電で先に席を立つのはいかにも惜しく（先輩たちは優雅にタクシー）、これは狭くても帰途を心配しなくてよい所に住まないと損だと思った。千駄ヶ谷の風呂なしアパートは、青山、六本木、西麻布のどこからも歩いて帰れ、「酒席は最後までいる」ことを通せた。

集まってくるのはデザイナー、コピーライター、カメラマン、広告プロデューサー、ファッションデザイナー、スタイリスト、モデル、CMプランナー、CM音楽家、広告代理店、トレンドクリエイターとか称する何をやっているかわからない連中、そういう所にうろうろしたい金持ちバカ遊び人など。バブルの当時いちばん勢いがあったのはインテリアデザイナーで、彼らが手がけて次々にオープンする先鋭的なデザインのカフェバーやショップのオープニングパーティーが連日のように続き、案内状デザインなどもずいぶん頼まれた。サラリーマンの私は金はなかったがなんとかなっていた。誰かが経費で払っていたんだろう。

飲むのは、当時はバーボンがはやったウイスキーの水割りだ。派手な海外ロケをくりかえす売れっ子は「いま向うじゃ、これがはやってるんだ」と自慢した。

その狂騒の中にいながら、私は三パーセントくらい違和感をもっていた。カタカナ職業のデザイナーはおしゃれで、流行にめざといのが自慢で、趣味はひとつ憶えにジャズと洋画とミステリー。外国のものがカッコいい、「いま向うじゃ」が合言葉。あまのじゃくの私は「ほんとかよ」と感じていた。

月島から始まった下町・自己発見の旅

そんな日々の続いた三十代後半。何かの用で月島へ行った。それまでは銀座から東はまったく行ったことがなく、中央区、港区、渋谷区など、仕事も遊びも住家もすべて西だった。

銀座から勝鬨橋《かちどきばし》を渡ると月島で、ちがう風が吹いてくる。今は大きなタワーマンションが林立し、もんじゃ焼き目当ての客でにぎわうが、その頃はまだ戦後のままの二階建て長屋がびっしり並んで洗濯物がひるがえり、空き地では子供がパンツ一丁で三角ベース野球をやっていた。

初めて来た月島の西仲通り商店街に「岸田屋」という大衆酒場があった。ガラス戸二間間口いっぱいの紺暖簾は、真ん中に大きく「酒」、端に「岸田屋」。中から明かりがもれているから営業している。華やかな銀座のすぐ川隣りにこんな古い店がまだあるんだと驚き、いささかためらったが、冷やかし半分の興味でこわごわと戸をあけた。

店いっぱいに回るコの字カウンターの中は店の人が通れる幅だけで、向かいの客の顔が目の前にある。壁の品書き札は、煮込み、たらとうふ、まぐろかけじょうゆ、いか納豆、ひだら、にこごり、月見、もずく、チーズとたいへん多い。酒はビールと日本酒だけ。「大衆酒場　岸田屋」の扁額、くすんだ「鶴亀」「当り矢」「宝船」の額、すすけた天井。貼り重なった大相撲番付表。何もかもがふだん行っている銀座や青山とは違う、何十年も前で時間が止まったままの世界だ。

ビールをとり、「なんだろう?」と思って注文した煮込みをつついた。店の主人は調理場にいて、店内は客のみ。ジャンパーや作業着の男たちは皆押し黙り、六本木の「あら〜、○○ちゃん」とは大違いだ。私も黙ってビール瓶をかたむけた。待つ相手もなくてひとり酒を飲むのは初めてではなかったか。

そうしているうちに、どこか懐かしい、置き忘れていた感情がわいてきた。当時、好きになり始めていた古い日本映画の中にいるような既視感から来る気持ちの落ち着きにとまどう。

そのうち、カウンターのベコベコの古いアルミ灰皿を見て何とも言えない気持ちが湧いてきた。普段行っているところは灰皿一つにしても気がきいて、「デザインいいね」「これ新しいよ」「誰がやったの?」と話題になる。それが、ベコベコ安灰皿に、これにはこれの味わいがあるのかも知れないと感じ始める。時代の先端を行く仕事をしているはずの自分が、こういうものを良しとしていいのだろうか。いやこの店自体が有名インテリアデザイナーのとんがった世界とは正反対、むしろそれを嘲笑するような安定感を感じる。――それが、転落の第一歩だった（笑）。

今から考えれば「新しいものに価値がある」から、「古いもの、時代遅れのものにも価値があるのではないか」と気づいた最初だったと思う。あるいはデザイナー的文脈では量れない価値観と言おうか。いやデザイン否定なのか。

しかしその感じ方は自分ひとりにとどめ、デザイナー仲間をそこへ連れてゆこうとは思わなかった。もしそうすれば「いまどきこんなの、笑えるな」とからかいの対象になるのは目に見えていて、それが嫌だった。そういうことをおもしろがっている自分をおもしろがるという気持ちもあったが、今に続いているのは、案外この感覚をまじめに受け止めていたのだろう。その感覚は後に書くようになった文章にしだいに色濃くなってゆくことでわかる。また三十代後半という年齢によるのかもしれない。仕事にも慣れ、あるいは飽き、何か自分を一段落させたくなる年齢。とりまく環境から少し離れてみたくなる気持ち。

そうしてまったく個人的な興味として、古い酒場を求めて、足は隅田川両岸の下町に向かった。昼は新しさを追うデザイナー、夜は古いノスタルジーにひたる居酒屋の日々は精神のバランスがよかった。

余談だが、地方から上京した私の東京史は、最初は下北沢に住み、新宿周辺から東京に慣れてゆく時代。千駄ヶ谷に住んで銀座に通う時代。やがて古い東京山の手の落ち着いた生活に憧れて麻布に住んだ時代。それにも慣れ、東京の源流たる江戸の風を残す下町に興味をもってきた時代となる。

下町居酒屋歩きは江戸の面影を探る気分をおおいに満足させた。資生堂退職後にもった麻布のデザイン事務所から下町に酒を飲みに行く日々は、思えば永井荷風的だ。じっさい荷風の住んだ六本木の偏奇館跡（空襲で焼け落ちた）は私の事務所の近くだった。浅草もよく行ったが、きれいな踊り子に縁がなかったのはザンネンではあった。

あやしい「居酒屋探検隊」結成

一方その頃、椎名誠さんの本に熱中していた。最も影響を受けたのは『わしらは怪しい探検隊』（角川文庫）だ。男が仲間とやりたいこと（それがナンセンスであろうとも）をぐんぐんやってゆく行動力。気の合う仲間と何かやるということに憧れを持った。

そこで「怪しい探検隊」を真似て結成したのが「居酒屋研究会」だ。怪しい探検隊が、海山川に繰り出し、でっかい焚火を囲んで酒を飲む男だけの硬派集団なのに対し、わが居酒屋研究会は、いい歳の男女が居酒屋求めて盛り場をうろうろする軟派集団。私は後に怪しい探検隊に「ドレイ」として混ぜてもらうようになり、通称「あや探」と「いざ研」の二大組織（！）に属する日々となったのである。

居酒屋研究会は、まだ資生堂社員だったとき、友人を酒に誘うファックスの末尾に「第一回居酒屋研究会」と書いたのが始まりだ。最初はその二人だったが、類が友を呼ぶで、四人、五人と増えてきた。

やり方は、私が自分の都合で時間が空くと会員にファックスを送る。「〇月〇日〇時、第〇回居酒屋研究会　場所：神田みますや」。出欠は取らない。行ったら誰か来るだろうというもので、言い出しっぺの自分はその時間には必ず行く。そうするとぽつりぽつりとやって来るという寸法。誰も来なかったことは一度もなく、一番少なかった時で三人。多い時は十二人ぐらい来て席がなく、慌てて移動したこともあった。

誰が来るかわからないのを、一杯やりながらじっと待つおもしろさ。一時間も遅れて来たメンバーの満面の笑みを脅し「もう出るよ」「えー！」に笑い声。

会員といっても要するに酒好きの集まりで、出版社や放送業界、フリーの職業、普通の家庭の主婦など女性も半分ぐらい。自分の会社の人間は一人も誘わなかった。会社の人間とつき合うのに飽き、別の仲間を持ちたかったのだ。

何を「研究」するかというと「店」を研究する。この店はよい店か。どうしてよいのかを「研究」する。何でも自分の好きなものをどんどん飲んで食べ、最後に総額を頭数で割る一番簡単な「丼勘定」で店を出る。そして「もう一軒フィールドワーク」と次に移動して行く。

最初に集まる店は私が決めるが、あとは成り行きで会員推薦店に行ったりする。当てがないと、その辺の一軒を「あれはどうだ」「いいんじゃない」「いや危ない」と意見が割れ、「突入！」と入ると意外な名店だったり、その反対で早々に退散したり。同好の仲間と集団で居酒屋を巡って歩くのは実におもしろく、若いし、とても楽しかった。当時はネット情報やグルメガイド本はなく、すべてがその店を見ての直感だった。

しかしただ飲み歩くだけではない。私のエライのは、毎回研究報告の会報を発行して会員に配っていたところだ。まだパソコンなどないころの手書き紙『季刊居酒屋研究』は、「１９８８年12月2日　第1号」から、「１９９０年6月27日　第14号」まで続いた。

愛読の『本の雑誌』でおなじみの号タイトル「○○××号」を真似た「忘年会突入号」「年明け飲むぞ号」「花見だ飲むぞ号」「暑いぞ冷酒だ号」「燗酒あちちち号」などの見出しは、〈東池袋の夜は燃えた〉〈天狗は舞い上がった　フラフラの第二回例会〉〈対決！阿佐谷の夜　軍配は北大路に〉〈ネギぬたに仕事を見た　絶賛あびたシンスケ〉〈発見！究極の居酒屋　息づく戦前のムード〉〈ミソおじやは地味だった〉〈異常に盛り上がった浴衣会〉〈研究会、全員集合の快挙　熱心というよりヒマ？〉などなど。

〈89年居酒屋大賞決定　下馬評どおりきく家〉の記事には賞状が載る。いわく〈賞状きく家殿　貴店は「酒・肴・人」すべてにおいて卓越した熱意と水準を保ち、業界の鑑となられました。よってここに八十九年度居酒屋大賞を贈り、永く栄誉を賛えます。平成元年十二月吉日　居酒屋研究会〉。ちなみに「酒・肴・人」は、研究会の定めた居酒屋三原則「いい酒、いい人、いい肴」による。大勢が来ていきなり賞状を渡された「きく家」の主人は、きょとんとして受け取り、店内に飾られ……ることはなかった。

はい、遊びです。私は子供のころから新聞作りが趣味で、学校新聞部では日刊の壁新聞を発行していたこともある。資生堂では『週刊制作室』（記事例〈山本君、樽平で生ビール大６杯飲む〉）。当時熱心に通っていた名画座・大井武蔵野館に勝手に一人ファンクラブを作り発行した『ＯＭＦ会報』（ＯＭＦは大井武蔵野館ファンクラブの略称）は、郵送されてくる館長・小野善太郎さんに薄気味悪く思われていたが、ある日「オレだよ」と明かすと「なーんだ、太田さんか」と破顔一笑した。

この『季刊居酒屋研究』を椎名さんにも郵送していたある日、「あれはおもしろい、定期購読するよ」と言われたのはうれしい思い出だ。後に知ったが、椎名さんが最初に作った組織「東日本何でもケトばす会」略して「東ケト会」もガリ版会報を出していて、共感してもらえたのかもしれない。

居酒屋評論家の誕生

こうして会報を発行し始めて居酒屋行脚にはげんでいたある日、知り合いの編集者から、準備中の新雑誌『DAYS　JAPAN』（講談社）に何かおもしろい企画を聞かせてほしい、ついては一席設けるという話がきた。これはタダで飲めると出かけ、『季刊居酒屋研究』を見せるとその場で読み、「これを連載してください」となった。

そうなれば仕事だ。大判雑誌の一ページをもらったコラムは、本紙（！）で面白がられたテーマ座談会と関連表で構成した。第一回のテーマ座談会は「正しい居酒屋のつきあい方とは」、関連表は「居酒屋ランク表／メニューと箸袋に見られる業態の法則」。それから「いつ、だれと飲むか」と「客別・居酒屋接待法およびそのおすすめ度」。「名店をいかに見つけるか」と「入らなくても判る名店鑑別法」。「おじさんたちのデート」と「お互いに役立つ〈新入社員vs.先輩社員〉居酒屋で人物を見抜く法」などなど。

社会の森羅万象をすべて表で示すという方法はおもしろく、次々と難題に取り組んだ。脇道にそれるが、その一つ「生涯の飲酒計画」を紹介しよう（次頁参照。『居酒屋大全』より）。これを書いたのは三十代最後。今六十代後半になり読むと、当っているような、そうでもないような……。

このコラムは人気を呼び二十二回続いたが、そこで雑誌が廃刊になり終ってしまった。並行する本紙『季刊居酒屋研究』には〈居酒屋研究メジャーに　月刊誌に連載決まる〉

余計なお世話ですが……　生涯の飲酒計画

年代	青春		朱夏	
	10代	20代	30代	40代
酒の型	知りそめの酒	熱血の酒	仕事の酒	親交の酒
状況	酒は20歳からとはいうものの、初体験は高校・大学時代。大人たちをあれだけ夢中にさせる飲みものの正体を知る。自分が「酔う」ことへの期待と恐れ。口にふくんだときのなんとも表現できない味、香り。あなたはどう感じましたか？	子供から青年へ。夢、野心、自負の一方、不安、孤独、劣等感が交錯する人生の発芽期。経験不足からなにごとも極端へ走りがち。恋愛など一夜にして幸福の絶頂から絶望の極みへたたきおとされることも。当然、酒も限度が判らず無茶苦茶な飲み方になる。しかし、それでよいのだ。失敗をおそれず信ずるところへ進め！　願わくばこの時期に生涯の友を得られんことを。	揺籃期が終り、しぜんに自己の進むべき方向が定まってくる。自分のうちこむところを吐露し、技術論を闘わしながら飲む酒の楽しさ。酒はなんでもよい。肉体的にも最盛期、相当飲んでも翌日はケロリだ。ガンガン飲んでガンガン仕事せよ。店や酒を「うんちく」するのはまだ早い。安酒で十分だ。	自分が世の中で成しとげられる範囲もおぼろげに見えてくる。また仕事仕事でつき進んできた毎日を、なにか一段落させたくなる頃。仕事を離れ、本当に心を許せる友をみつけ、ゆっくりと酒でも飲んでみたい。もう量はそれほどいらないし、騒ぎたくもない。仕事は大切な時期だが、それだけでは淋しいではないか。
場所	友達の下宿　キャンプ　親父から	大衆居酒屋　パブ　カフェバー　彼女の部屋	居酒屋	小料理 割烹
酒量	ビール1杯	無限 （適量が判らない）	ビール2~3本　日本酒5合　水割り12杯	ビール1本　日本酒3合　水割り6杯
頻度	年に３～４回	週５回	毎日	週３～４回

玄冬		白秋	
80代	70代	60代	50代
酒仙の酒	滋味の酒	悟達の酒	孤独の酒
友人、知人の訃報をきくようになった。いずれは自分の番だろう。自然、自分の一生をかえりみることもあるが、もう悔やむ気持はない。嬉しくて踊りあがった時、悔しさに机をたたいて泣いた時、淋しさに耐えられなかった時、酒と離れることのない一生だった。酒とは何か、どんな味か、もう一度じっくり味わい、しっかり舌に残しておこう。オレの墓には大吟醸をかけてくれ。	昔は反抗ばかりしていた子供たちもいい親父、オフクロになった。ここぞという時は相談にきてくれる。自分が精神的支柱と頼られているようで気もひきしまるが、張合いもある。息子と心をひらいて一杯やるのが何よりも楽しみだ。そんな2人をバアさんもニコニコみている。ほとんど量は飲まないが、まだ元気で酒のつき合いできるのが嬉しい。酒とはよいものだ、としみじみ思う。	どんな形であれ危機をのりこえ、社会的栄達にも、もう客観的になれ自分のための人生を見出す。素直に孫が可愛い。古女房との2人にも慣れた。余分な干渉はせず好きずきにやるのだ。外で酒を飲むこともなくなった。晩酌の1本、或は家人が寝静まった夜、冷蔵庫から何か出し、ひとりでコップ酒を楽しむ。このごろまた酒がうまくなってきた。人が生きるには何が大切か判ってきたような……。	サラリーマンならば定年。また子供たちもそろそろ結婚。子供なんて家を出てしまえばそれまでだ。フト気がつけば自分をとりまいていた人々、環境がすべて去り、古女房と2人だけがとり残されている。否応なく自分の人生の空しさに直面させられ、精神的にも非常に不安定になる。頼りは酒だがその味は苦く、酔いが早くなる。
自宅	自宅	自室 クラス会	自宅　酒場　山
お銚子１本	燗酒 お銚子１〜２本	ビール小瓶１本 燗酒お銚子２〜３本	ビール１本 日本酒４合
祝いごとなどで	客があれば	晩酌	週１〜２回 ヘタすると毎日

〈デイズ誌、特集好評　疑問視する上層部〉〈デイズ連載2年目へ　もはや生活の一部〉〈デイズジャパン廃刊　本紙ふたたび10部に〉と経過が載った。

しかし捨てる神あれば拾う神あり。連載を元に本にしないかと言われ、私の初の居酒屋本『居酒屋大全』（講談社／一九九〇年）となった。著者肩書は「居酒屋研究会」となっている。若い頃のエネルギーは大したもので中身は濃く、その後、居酒屋について書いてゆくアイデアの元は、ほとんどこの本の中にある。

発売日が決まり、担当者に「初刷は三万部です」と言われ、「ああ、そうですか」と軽く答えた。出版には素人でその数字にピンと来なかったが「三万部ですよ！」と繰り返され、すごいらしいと知った。今ではわかるが初めての本にしては大きな部数で、現在の私なんか三千部がせいぜい（泣）、この本だってどうせ……。

『居酒屋大全』は書評が出たり、増刷もして売れ行きは好調。その後増補して『完本・居酒屋大全』となり小学館文庫におさまる。これは「遊びで始めたことが仕事になり、世に出て行く」という経験になった。

――ここに「居酒屋評論家」が誕生したのである。

切っただけのマグロより仕事をしたマグロ

素人本がいささか売れたのは「グルメ」とか「食べ歩き」が流行になっていた背景も大きかったと思う。当時のグルメブームとは、例えばパリのトゥール・ダルジャンという有名な鴨料理の支店が初めて東京のホテルにできて、一晩で二万円の食事をしたなどということが自慢になっていた時代。食評論家といわれる人が活躍し始めた頃で、お金を使って最高のものを食べるのが注目された。バブル景気の影響だろう。

ところが貧乏人のこちらはそんなことは到底できないし、さらに言えば反発を感じ、始めた居酒屋研究会はそういう風潮を皮肉ってやれという気持ちがあった。二万円の食事だと？「本当の美味は庶民の居酒屋にある」と仮テーゼを立て、さらに精力的に歩くと、これはまことに当たっていた。

たとえばマグロ。正月の初競りで話題になる青森大間のマグロは寿司一貫で二千円、三千円すると聞く（食べたことない）。それを食べて自慢するのが、通と言われたいグルメブーム。そうではなく、スーパーで売っているマグロを、例えば酒醤油で「漬け」にする、さらに湯を瞬間にまわして外を霜降りにする、すき身を柚子胡椒で和える、海苔をまぶして香りをつける、葱鮪に焼くなどと一手間かける。居酒屋は高い値段をとれないから素材に贅沢はできないぶん、手をかけた仕事でおいしくする。高級マグロをただ切って出しただけとは違う、そのことだ。

また高級料亭などが「素材を生かして、よけいな手をかけないことが大切です」とか言ってるが、じゃ料理人は何やってるの？ と言いたくなる。高級品を仕入れて洗うだけですか、ラクですねと。食べられない者のひがみ？ はい、そうです。

自分たちが自分の懐具合で食べるものだから、良心的で誠実な仕事をしているものこそが我らのグルメ。高くてうまいのは当たり前、手の届く中で本物を見つけ、評価しようというのが居酒屋研究だったが、そこが理解されたかどうか。

それよりも、華やかな高級グルメブームの陰で見向きもされなかった居酒屋に注目したことが面白がられたのだろう。当時の居酒屋は「哀愁の貧乏オヤジの溜まり場」とバカにされこそすれ、まともに取り上げられることなどなかった。新しいものが次々と話題になる時代に、「いまだにこんな古くさい店があるんだ」とからかわれ、若い女性には「いやぁね」と目をそむけられるような存在。かく言う私自身もそう思っていた。誰も目もくれない居酒屋をテーマにしたのが、際物扱いでうけたのだろう。

それが今やご存知Ｂ級グルメブーム、大衆酒場ブームだ。テレビ番組でも盛んに取り上げられ、雑誌の企画で一番売れるものは居酒屋という。若い女性も「居酒屋がいいわ」とねだり、いや女性は今や居酒屋の一番の上客だ。世の中は変わった。居酒屋評論家の出番もむべなるかな。

また一つ、タイミングだったのは、おりしも澎湃《ほうはい》と起きてきた地酒ブーム、吟醸酒ブームだ。うまい日本酒はある、それを置く居酒屋を探せと。居酒屋研究会では唯ひとりの日本酒に詳しいメンバーが、利き酒会で本物の日本酒を教育してくれた。そこで出会ったのが埼玉の「神亀」だ。我々はただ飲んでいただけではなかった。居酒屋研究会発足の年は、神亀が全量純米酒に踏み切った年でもあったのは象徴的に思える。

東京の居酒屋を網羅した本格的評論

ある良心的出版社のベテラン編集者の方から、「太田さん、本格的な本を書いてみませんか」という話をいただいた。勢いにまかせた本もよいけれど、居酒屋をちゃんと取材して書き下ろさないかと。それで二年間かけて書いたのが『精選・東京の居酒屋』（草思社／一九九三年）だ。

東京のこれと思う居酒屋を端から訪ねて、良い店については文章におこす。コラムではない本格文章は、正確さや裏付けも必要だ。文体も変わる。デザイナーの私には初めての経験だが、どこか文章仕事にあこがれもあり、よい機会をいただいた、一冊本の書き下ろしにあまり自信はないが、やるだけやってみようと思った。

今は居酒屋のガイド本は山のようにあるが、その頃、居酒屋に特化したものはほとんどなく、あっても、書き手が知っている店を五、六軒、短い文章で書いただけというものだった。ある地域を網羅して調べ、その中のよい居酒屋だけを集めたという本はなかった。あれば自分が買っていた。

この仕事はよい勉強になった。はじめは店紹介で済むと思ったが、それだけでは単行本の五〜六頁にもわたる長い文章にはならない。あれがうまい、ここは安い、だけではない店の魅力や居心地は、発見する観察眼と文章表現力が必要だ。遊びでやっていた居酒屋研究は「仕事」になった。

続けるうちに次第に、東京の居酒屋料理の共通点、東京の酒飲みの気質、山の手と下町、私鉄沿線など町柄が居酒屋に表れる様子、さらにその町におけるその店の位置づけ、歴史のある店の良さ、大衆酒場の特徴と魅力などに気づくようになった。それまであまり足を運んだことのない町にも出かけ、分析しメモをとりながら飲むのは、単に味の良し悪しだけにとどまらない居酒屋の魅力を発見することになった。二年かかったが、東京の居酒屋を鳥瞰的に訪ね、代表する店を選び、その結果として東京の居酒屋の特徴を抽出したのはたぶんこの本が初めてで、それまで紹介されたことのない店が大半だった。

一方、酒場や酒について書かれた文章にも目を通しておかねばと少しは読んだが、そのころの酒場本は有名作家や趣味人が、自分の好きな店のことを気の利いた文で書いたもので、筆者のパーソナリティによるところが大きい。あの店もこの店も知った上での比較ではなく、飲んだ感想や印象、要するにエッセイだ。

専門の文芸評論家は一つの作品について長い分析的文章を書く。それは文化人に感想を書いてもらうのとは違う。もちろん文化人や著名人がどう読んだかというおもしろさはあるが、評論家はその作家の作品をすべて読んでいる事はもちろん、関連作も知った上でその作品を位置づけて批評する。

当時の酒場本に関してはそういうものはなく、文章はうまくても実用にならないというのが私の不満だった。自分は評論を書きたい。有名作家の文であれば「あの人が行く店なんだ」と興味を持たれるが、太田和彦という人物は誰も知らないから、名前で本が売れるわけはなく内容の勝負になる。その覚悟で自分の見たこと、発見したことを地道にまとめていったのは、大いにものの見方、文章の鍛練になった。

これも類書がなかったためか評判がよく、八年後に『新精選・東京の居酒屋』（草思社）を書いた。この二部作でほとんど東京の居酒屋はわかり、名店の特徴を定義することができた。

――居酒屋評論家はそれらしくなってゆく。

居酒屋研究は全国規模へ

それが地方に拡大したのが一九九三年に新潮社の雑誌「小説新潮」に書いたエッセイだ。『居酒屋大全』『精選・東京の居酒屋』を読んだ編集者は椎名誠さんの担当でもあり、私も良く知っていて、「太田さん、地方の居酒屋を取材して書いてみませんか」と電話をかけてきた。

「どこに行ってもいいんですか」

「いいですよ」

「長さは」

「自由」

「締め切りは」

「○月○日」

　こんなうまい話があるだろうか。経費で出張して経費で飲める。勤めのないフリーだから時間は自由。サラリーマンやめてヨカッタな。

　いそいそと出かけて書いた「大阪の居酒屋のタコの湯気」は原稿用紙四十枚。そんなに長く書くとは思っていなかった編集者は少しおどろいたようだったが、受けとってくれた。その後、単発で「松本の塩イカに望郷つのり」「青森のタラの白子は精がつく」を書き、また電話をいただいた。

「太田さん、次から連載です」

「はい、いいですよ」

「……連載ですよ、毎月ですよ」

「はい了解」

　文芸出版で知られる会社の看板小説雑誌に連載を持つことの重大さを、まるでわかっていないのんきな返事は不満だったようだ。

　私は三回の単発原稿で試されていたのだろう。締め切りと分量を守って水準のものを書けるか、同じようなテーマで変化をつけられるか、と。

引き受けたが、一度編集長に挨拶した方がよいと思い、出かけ「何を書けばよいでしょうか」と訊ねると、しばらく考え「居酒屋はもちろんですが、町を書いてください」と言われた。これは大いに役立った。

連載タイトルは「ニッポン居酒屋放浪記」と決まった。それから毎月、地方の居酒屋に出かけて原稿を書く日々が始まる。ゲラが出る時はもう次の町に行くころだ。一年連載の予定は三年に伸び全三十二回で完結。単行本『ニッポン居酒屋放浪記』『日本の居酒屋をゆく　疾風篇』『日本の居酒屋をゆく　望郷篇』の三部作として刊行され、その後文庫化。現在は『自選　ニッポン居酒屋放浪記』として一冊にまとまっている。

私の居酒屋の視野は一気に日本中に拡がり、各地の居酒屋の特徴や名店は手中のものになった。花の銀座のデザイナーからの転落は、遊びの会報、その雑誌連載、単行本化、書き下ろし、全国取材の三部作と広がった本のオビに編集者がつけた惹句「孤高の居酒屋評論家」を大いに気に入った。

——私はついに、孤高の居酒屋評論家となったのである（シャンシャン）。

第三章　北海道から沖縄まで——地元を味わえる名店はどこか

日本中の居酒屋を歩いた本が出ると、CS放送・旅チャンネルから居酒屋紀行番組を作りたいと言ってきた。「居酒屋に詳しいタレントを知りませんか」という相談だったが知らないと答えると、一週間後に「では太田さんが出てください」となった。

テレビ出演などしたことはないが、これは全国の居酒屋をさらに巡るチャンス、と引き受けた。取材して文章に表す作業に較べ、その場で適当にしゃべっておけば後は編集してくれるテレビは全くラクで、初めは自分の知っている店を訪れたがそれも尽きると、プロデューサーがみつけてきてくれた（やがてロケハン費も出るようになった）。

一九九九年に始まった、それまでになかった居酒屋探訪の三十分番組「全国居酒屋紀行」は、半年の放送予定が、毎年の夏休みをはさみつつ十年も続き、私の居酒屋地図はさらに広まり、十年続けたプロデューサーは居酒屋の魅力にはまってテレビから足を洗い、居酒屋を始めたのである。

こうして、日本各地の特徴もわかってきた。それを駆け足で紹介しよう。

日本列島は、北と南、太平洋と日本海、海岸と山間部、内海（瀬戸内）と島嶼《とうしょ》（伊豆七島、沖縄など）では気候風土が大きく異なる。よって酒もふくむ産物もさまざまなら、食べ方もさまざま。当然、居酒屋もそれを反映する。

江戸時代からの地場産業であった酒は、米、水、気候、南部杜氏・但馬杜氏など地域の流儀をもった作り方で各地の味、いわゆる地酒を造っていたが、温度管理や流通の発達した今は、例えば米ならば兵庫特A地区産の山田錦を買ってくればどこでも使え、昔ほど地域性はなくなり、むしろどういう酒を造りたいかという蔵の考え方とその技術になってきた。また一方、蔵の自家田により米の収穫から始める徹底地場にこだわる作り方も盛んだ。

日本酒のおもしろいのは嗜好の流行があることだ。地酒ブームの起きたころは新潟の〈淡麗辛口〉が人気。それが一般化してくると「十四代」に代表される〈濃醇旨口〉が評判となり、最近は白ワインに似た軽いフルーティー香をもつフレッシュな〈吟醸生酒〉タイプが、とくに若い女性に人気だ。

こういう変遷がおきるのは「日本酒はまだまだ進化している」からだ。カッコつきにしたのは、世界の酒で進化を続けているものは他にないからだ。ビールやウイスキーが最近進化したという話は聞かない。ワインはぶどうの出来やビンテージの結果の個々のうまさで、ワイン自体が本質的に進化したとは聞かない。最近の日本酒は世代交代がたいへんうまく進み、若い蔵元や杜氏の意欲的な取り組みは史上最高の日本酒黄金時代をつくり、「今うまい日本酒」は雑誌の目玉特集になっている。

したがって今うまい地酒を飲むには、銘酒居酒屋の多い東京や大阪がいちばんということになる。しかしそれでも「地酒」、それを生産している地でその酒を飲むのは格別だ。また最近「県内限定酒」も数多く、これは地元でしか飲めない。行ったらそれを飲まなきゃ損だ。

また土地で飲む楽しみは、その地酒に合う地肴がそろっていることで、これまたそこに行けばこその楽しみになる。肴については、日本を巡れば巡るほど食文化の繊細な奥深さを知るばかりだ。地の海の魚ばかりではない。漬物などに表れる各地の保存食文化、また醱酵文化は、都会の居酒屋でいつもの肴で飲んでいるだけでは到底味わえない世界がある。

強調したいのは〝和食によるおもてなし文化〟などと歯の浮くような料理ではない、庶民が生きてきた力強い食文化であることだ。こういうものは決して高級料亭には出てこない。また有名料理人の個性の技の世界でもない。地元で婆ちゃんが作り、父ちゃんがうまいと言うようなものだ。それが居酒屋の食の魅力であり、偉大なところであると思う。

北海道——燃える火と温かさが最大のもてなし

北海道の基本はビールと炉端焼だ。北海道のビールは明治の札幌開拓使麦酒醸造所に始まり、日本のビールの歴史は北海道にある。北海道だけで売るビールもある。札幌の工場内ビール園のできたては最高だ。私がビールに開眼したのは、はるか昔に訪ねたミュンヘンの大ビアホールだったが、その後行ったサッポロビール園は同じ味がした。町の居酒屋もビールの扱いに慣れ、どの店で飲んでも確実においしい。

日本酒は、開拓から始まった北海道農業はかつては米の生産がままならず、それゆえ日本酒造りの歴史も浅く、品質が上がってきたのは近年のことで、大吟醸も仕込まれるようになったがどこか骨太な素朴さがある。

料理は炉端焼が多く、釧路の居酒屋はほとんどすべて炉端焼だ。大網でホッケ、キンキ、カレイ、シシャモ、秋刀魚、ホタテ、カキ、アスパラ、じゃがいも、エゾシカなど、魚も野菜も何でも焼いて食べる。北海道は刺身を食べる習慣はなく、ある居酒屋で「日常の魚の基本はイワシとアジ」と言うと「ああいうものは食べん。基本はサケとニシン。カツオは食べたことがない」と聞いた。

寒い北海道は火が最大のもてなしだ。とにもかくにも、訪ねた家に温かな火があるとほっとする。釧路市郊外の開拓歴史記念館で、最も初期の開拓移住者用住居には、暖をとり煮炊きする三尺×六尺の囲炉裏が土間に向けて必ずあるのを見て、炉端焼のルーツを知った。北海道に炉端焼が多いのは料理の歴史が浅いから、いや素材がよいからこれが最良などと言われるが、私は開拓当時の記憶を伝えるのだと思う。

酒も、囲炉裏脇の鉄瓶や甕《かめ》に常時温まり、柄杓で茶碗に注いですぐ出す。これも寒い外から来た客に、座る間もあらばこそ「まあ、一杯やって温まってくれ」というもてなしだろう。燗をつけてなどと悠長にはやっていられないのだ。

また北海道の人がじゃがいもを特別に大切にするのは、米のない時代にじゃがいもが命をつないだからだ。おかずはイカ塩辛だけ。バターは作っていても高価で手が出ず、たまのじゃがバターは御馳走だったと聞いた。今も温かいじゃがいもに塩辛を乗せて食べる習慣はなくなっていない。余談だが、イギリス・リバプールあたりのパブをめぐったとき、定番のフィッシュ＆チップスに山のようにマッシュポテトを添えるわけは、スコットランドは海風の塩害で畑が出来ず、何代にもわたって土を改良。そうして初めて出来たのがじゃがいもで、そのあり難さを知っているのだと聞き、北海道を思い出した。

旭川「独酌三四郎」

創業昭和二十一年の老舗。お通しは開店以来変わらない〈酢大豆〉。冬場の、直径一メートル（！）の大球というキャベツと身欠きニシンの麹漬け〈ニシン漬〉は絶品。お燗は焼締め燗瓶を直に火にかける「焼燗」。木造の大きな館は温かく、着物に古風な白割烹着の女将はすらりとした美人で、日本三大白割烹着女将の一人。

釧路「万年青《おもと》」

昭和三十二年に屋台から始めた釧路の典型的な炉端焼店。おすすめはカレイとアスパラ。秘伝のたれにつけた一人前三百グラムの豚ステーキは女子にも人気だ。あと一つは五十八年使い続けて壮烈に変形した「伝説のフライパン」で焼く卵焼き。朝七時まで営業で、夜の仕事を終えた同業者が飲みに食べにくる、本物の地元店。

函館「粋花亭」

東京で料理修業をした主人が地元函館に開いた店。カジカ、ソイ、カスベ、噴火湾のフグ、行者ニンニクなど北海道の豊かな食材を、見事な腕で独創的に仕上げた料理は比類がない。〈前菜盛合せ〉九品の丁寧な下ごしらえと美しさ。北海道地酒を重視し、合わせようとする努力も好ましい。炉端焼を超えた「新北海道料理」に日本中から客が来る。

東北——南部杜氏の「どっしり」酒を郷土食でじっくり

東北は日本酒王国で地酒名品はいくらでもあり、南部杜氏によるどっしりした味わいに特徴がある。飲み方はだらだらと長い。東北の人に冗談まじりにこう言うと必ず苦笑して認める。まあ冬の長いところだから。

広く豊かな郷土食があり、塩分の強い味付けが酒をすすませる。青森の冬の代表はタラとその白子のタチ。太平洋側の岩手・宮城は三陸の魚介で夏のホヤはファンが多い。生魚の流通がなかった内陸は身欠きニシン、エイヒレ、塩鯨などの乾物料理が優れ、代表は〈ニシン山椒漬〉だ。日本海側の秋田は小鍋立ての王国で、しょっつるが味をつくる。肴は漬物〈がっこ〉に代表され、これも越冬食といえるだろう。漬物は野菜だけにとどまらず、北海道の〈ニシン漬〉もそうだが、サケの〈飯《い》寿司〉、ハタハタの〈三五《さご》八《はち》漬け〉も冬に欠かせないものだ。こういう塩分も旨みも強い長持ちする肴で「だらだら長く飲む」。

青森「ふく郎」

日本海、津軽海峡、陸奥湾、太平洋と四つの海を持つ青森県は魚の宝庫。その日の漁によって変わる〈刺身ちょっと盛り〉はちょっとどころか季節の魚各種の豪華版だ。身の締まった海峡鯖と、冬の陸奥湾横浜と清水川のナマコは、日本最強の鯖、ナマコと言おう。大きなねぶた頭《かしら》が睨みをきかす店内は旅情たっぷり。主人素朴。

青森・弘前「しまや」

女性ばかりのなんでもない店ながら、カウンターに並ぶバットの〈身欠きニシン煮付け〉〈もやしとスケソウ子〉〈鶏モツと葱〉〈ミズと油揚〉〈大鰐もやし炒め〉などの「本物」郷土料理のすばらしさ！　卵と味噌だけの〈貝焼き味噌〉がなぜこんなにおいしいのか。冬のタチ（白子）も絶品。伝統の七輪お燗の地酒「豊盃」もまた。

秋田「酒盃」

大きな三角屋根、黒光りする板の間、縄を巻いた杉丸太一本柱の豪壮な構えを野花が飾る。初めに箱膳で出るお通し六菜でじゅうぶん飲めるが、小鍋立て王国秋田の貝焼〈塩鯨と茄子〉〈白魚と蓴菜《じゅんさい》〉などが帆立貝殻でふつふつ煮えてくるのも楽しみだ。夏の岩牡蠣は象潟の最高級。後は〈いぶりがっこ〉で「だらだら」飲むのが秋田流。

福島・会津若松「籠太」

元料亭の立派な玄関を上った板の間にカウンター。山国・会津は乾物や塩蔵の戻し料理にすぐれ〈ニシン山椒漬〉や、地元の宴に欠かせない帆立貝柱の出汁で根菜などを煮る〈こづゆ〉は必食。京都で料理修業した主人は古文書で郷土料理を発掘したり、自然法農家を応援する兄貴分的存在。今絶好調の会津の酒も存分に飲める。

北陸——日本海の豊かな幸と地の利を活かした逸品

新潟、富山、石川、福井と続く北陸居酒屋の楽しみは日本海の魚だ。焼魚の最高峰ノドグロや春先のホタルイカ、寒ブリなど四季にわたり魚を楽しめる。新潟は淡麗な地酒が豊かにそろい、富山は北前船が北海道から運んだ昆布による昆布〆王国、福井は鯖街道で京都とつながり、京の台所を支えた若狭湾の魚がいい。

居酒屋は土地の産物を素直に酒の肴にする素朴な店が多いといえるが、加賀百万石の金沢は別格の料理文化をもち、京料理の流れを汲む凝った品がそろう。また一方、金沢はおでんの町で、戦前からの名店がいくつもあり気軽に客を待っている。

新潟・長岡「魚仙《うおせん》」

大正から続く老舗居酒屋。ノドグロ、フナベタなど新潟の魚や郷土料理〈のっぺ〉などが質高くならぶ。ブリをニンニク味噌などと叩いた〈ブリのなめろう〉はコクのある〝キングオブなめろう〟。山奥の小さな豆腐屋の香ばしい〈焼油揚〉は〝キングオブ焼油揚〟。気さくな主人が新潟酒のすべてを体系的にまとめたチャートは感動的な労作だ。

富山「親爺」

駅近くに六十年。名物おでんは関東関西の長所をとりいれ、香箱蟹一杯の身すべてと蟹ミソを甲羅に詰めておでん舟で温める〈かに面〉は冬の名物。ホタルイカなど昆布〆各種、地魚ゲンゲ、ミギスなど富山湾の魚が豊富だ。塩辛声の白髪丸刈り主人、てきぱき働くお母さん、包丁を持つ三代目息子の家族経営がじつになごむ。

石川・金沢「浜長《はまちょう》」

庭石を踏んで入る高級割烹だが、奥の横一本カウンターがお目当てだ。小黒板には造り、蒸し物、焼物、酢物など魚や珍味がびっしり。初めに出る加賀料理のお通し三点盛りは工芸品のごとし。「承知！」が口癖の主人が指揮する料理はみな納得で、加賀名物

〈治部煮〉〈蓮根蒸し〉はここでぜひ。夫婦で座れば必ずや贅沢満足できる名店。

東京——なんでも揃う居酒屋都市で光る江戸っ子好み

人口も都市規模も格段に大きな首都・東京は日本一の居酒屋都市だ。特色は、長い歴史をもつ古い店が、特に下町にたくさんあること。その反対に最も新しいスタイルの居酒屋があること。日本各地の地酒を並べた銘酒居酒屋が多いこと。それはうんちくとブランド好きゆえで、東京の客は酒にうるさい。日本中からものの集まる東京は、日本中の郷土料理店があるのが逆に特徴という上京者の町だ。

そのうえで東京居酒屋の好みを探ると、肴はあまり料理料理しない小粋をよろこび、凝るよりは味のはっきりしたものがいい。煮炊きはもっぱら醬油と砂糖と葱でちゃっと煮ておしまい。何でもその場で手に入るので、宵越しの金をもつことを潔しとせず、その日のものを出して、さっと片づけておしまい。保存食は少ない。

江戸っ子はせっかちで、注文は一言「酒と刺身」ですませ、出が遅いといらいらする。一方、威勢のわりに酒量は口ほどでもなく二、三本で寝てしまい、長尺勝負の東北の酒飲みにはとてもかなわない。

神田「みますや」

創業明治三十八年、今の建物は昭和三年築。二階建て銅張り看板建築に長い縄暖簾は、堂々たる東京の居酒屋の押し出し十分。おそらく東京の現存する最も古い居酒屋だ。でありながら大衆居酒屋を守り、風格ある店内もいい。黒札品書きには〈こはだ酢〉〈どぜう丸煮〉〈馬刺し〉〈桜鍋〉〈季節のぬた〉など東京の居酒屋の正統ばかりが並ぶ。

代々木上原「笹吟」

一方、イタリアン前菜のような軽快な料理で白ワインのごとき吟醸酒をすいすい楽しむニューウェイブ居酒屋の代表がここ。といっても肴は日本料理の基礎がしっかり根にあり、四十種以上の銘酒とともに居酒屋うるさがたをうならせる。人気はおよそ二十種もある〈和えもの〉。山の手の高級住宅地に、品のよい夫婦や女性グループが楽しげだ。

関東・東海――山海の恵みを余さず堪能

東京以外の関東の居酒屋を、ひとくくりに特徴づけるのはむずかしい。太平洋の黒潮洗う茨城、千葉は、上り下りの鰹をはじめ魚に期待できる。房総の漁師料理〈なめろう〉、それを焼いた〈さんが焼〉、氷鉢で冷やした夏の〈酢なめろう〉は逸品だ。内陸の栃木、群馬、埼玉、山梨は居酒屋濃度が薄いところだが、山菜、きのこなど山家料理がいい。

東海はあまり台風が上陸せず年中気候温暖で、漁港には目の前の太平洋からつねに鰹、マグロが揚がり、野菜も果物も豊か、鮎など川魚、鰻、山葵、蒲鉾、お茶までそろっている。一年二漁の桜海老は駿河湾でしか捕れない名品。〈生桜海老かきあげ〉は珍しく天ぷらで酒が飲め、静岡酵母による豪華で派手な殿様型日本酒がぴったりだ。

東西から旅人が往来する東海道は、土地のものを並べておけば自然に商売になる楽な所で、居酒屋もおおらかな気分が横溢し、毎晩のんきな宴会だ。東京、大阪にはさまれて交通も至便。居酒屋旅には最もおすすめできる。

神奈川・藤沢「久昇《きゅうしょう》」

膨大な品書き常時百七十に、毎月新作が二十ほども加わるという信じられない幅の広さ。肝心は、創作も思いつきではなくすべて定番となれる完成された酒の肴になっていること。満員の客がこれほど料理を注文する店はない。その中で一番人気は意外や〈おから〉だが、まあ食べてみてください。にこにこ美人の素敵な女将も魅力。

静岡「多可能《たかの》」

大正十二年創業の静岡の名物居酒屋。カウンター、卓席、奥の入れ込み大座敷が一体となった、飴色の艶をたたえた店内はこころなごむ。三十二穴の銅の燗付器は今まで見た中では最大で、往時の盛業というか「酒飲み静岡」をわからせる。看板の鰹は厚切り、生桜海老・生シラスは時季に必食。名物〈黒はんぺん〉は年中ある。

三重・伊勢「虎丸」

お伊勢詣りで栄えた伊勢河崎町の築百二十年の石造り蔵の店。主人自ら夜釣りに出る日付入り巻紙の伊勢湾にこだわった魚がすごい。志摩大王町波切の、水揚げ即血抜きブリの胆和え、春の伊勢湾新海苔の高貴な香り、冬の鳥羽牡蠣は一流ホテルをしのぐ厳選品。快活な好漢若主人の覇気が店内にみなぎり、居心地満点。

京阪神――料理本位の食文化圏に吹く居酒屋新風

東海道は豊橋あたりで関東と関西に分かれる。人を誘うとき東京は「飲みにいこう」、大阪は「なんぞうまいもんでも食べにいかへんか」。東京は酒優先、大阪は食べ物優先だ。せっかちな東京者とちがい、大阪は注文に「少々お時間かかります」と言われても「ええです、丁寧にしてや」と悠然としている。魚は、関東はマグロ、鰹に代表される血の気の多い味、関西は白身旨味の鯛が第一だ。〆鯖も関東は酢洗い程度だが、関西はたっぷり甘酢に浸け、さらに出汁に浸す〈きずし〉、鯖寿司は日常の食べ物だ。関西はぽん酢を多用し、酢の使い方は一枚も二枚も上手だ。

京都は料理界に冠たる京料理の総本山。白衣料理人の板前割烹が主役で、料理中心、酒は脇役。居酒屋は少ない所だったが、ここ数年、修業を終えた料理人が、地酒にも力を入れた新しい割烹居酒屋を開き始め、女性好みのコース懐石にあきたらない酒好きが、がぜん集まるようになった。

食い倒れの町・大阪は個性的な料理屋はいくつもあるが、酒がまずくて居酒屋としてはもの足りないと感じていたが、ここ数年で劇的な変化がおきた。それは灘の酒一辺倒だった大阪の飲食店に、全国の名地酒をコツコツと紹介普及させた酒販店「山中酒の店」の山中基康さんの力だ。さらに自ら開いた理想の居酒屋「佳酒真楽《かしゅしんらく》やまなか」で酒も肴も修業した若手が続々独立して開いた店による。「かむなび」「うつつよ」「燗の美穂」などがそれだ。

仲のよい実力店「かむなび」「よしむら」「蔵朱」が結成した「日本酒卍固めグループ」の五月恒例の一日屋台村「上方日本酒ワールド」も実績をあげ、いまや大阪居酒屋にルネッサンスが起きた。もとより京大阪の食のレベルは日本一高く、客の舌も肥えた所なので、そこに良酒が加われば無敵だ。また神戸にもよい居酒屋ができはじめ、しばらくは京阪神から目が離せない。

京都「赤垣屋」

二条川端通りに面した古い町家の三和土に裸電球が光る、広大な居酒屋空間の「時の堆積」がすばらしい。京町家らしく深い奥の庭を囲む座敷もまた。客の肘で磨かれたカウンター角はおでん舟と四斗樽。値段は安いがアカデミックな空気は京都ならでは。三十年、四十年通う客はざらで、居酒屋の少ない京都で貴重な老舗として信頼あつい名店。

京都「魚とお酒　ごとし」

すっきりしたモダン和風の店内は明るく軽快。品書きは焼物、天ぷら、揚物、珍味、一品と分かれ〈造りは黒板をどうぞ〉とある。きっちり修業した腕は〈甘鯛〉〈鴨と焼葱の鍋〉〈ふなずし〉などなんでもさらりとこなす。滋賀を軸にした全国名酒は燗に力を入れる。最近開店した京都の割烹居酒屋ではピカイチの定評は不動となった。

京都「食堂おがわ」

有名割烹で十五年修業した若主人は、その頃から料理通に名を憶えられていたという。満を持して開いたのは、料理単価上限二千五百円の割烹居酒屋。小さな店だが、V字カウンターの先で包丁を使う姿は余裕しゃくしゃく。糸巻き〈鴨ハム〉、練達の〈だしまき〉など仕事を見たい客も多い。今、京都で最も予約のとれない店となった。

大阪「ながほり」

市内をやや離れた上町に風格ある白壁蔵造り。酒蔵の古材を柿渋で仕上げた店内は日本酒の「気」に満ちる。復活地野菜など、すべて生産者に会って確かめた素材の、例えば〈野菜のあんかけ〉〈猪と丹波黒豆のソーセージ〉など、料理は前人未到の域に入っている。一流ホテルシェフも脱帽する第一級の店でありながら、居酒屋を守る懐の深さ。

神戸「哲粋」

明るくこざっぱりした店内。泉州岸和田出身の親方を中心に、丸刈り白衣四人の気合が満ちる。明石昼網の刺身をはじめ〈丹波若鶏納豆醤油〉〈焼穴子生姜あん〉〈鱧と玉葱小鍋〉などのべ百種の品書きはどれも魅力的だ。大将は親方の風格が出てきた。一糸乱れず料理に専念する男くさい店を、若い美女軍団が華やかにお運びする。

中国・四国――西の銘酒をすすませる地もの魚介の味

中国地方、山陽側は瀬戸内海の小魚が中心で、刺身よりもメバル、カワハギ、カレイなど煮魚が主になる。春先の〈イイダコ煮〉〈イカナゴ釘煮〉はこの地の人には欠かせないものだ。明石はタコ、岡山はサワラにこだわり、山口は居酒屋にフグがある。牡蠣は最近殻つきが主流だが、広島のぽん酢で調味して紅葉おろしで食べる酢ガキはやはりよいものだ。瀬戸内のどこにもある〈イワシ素裂き〉は「七度洗えば鯛の味」でたいへんおいしく、気どらない家庭料理で魚を楽しみに一杯やる良さがある。

山陰側は名酒の産地で、肴は日本海の魚とカニだが、カニは高い。おすすめは初夏のアゴ（トビウオ）の刺身で、カレギという超極細の葱を薬味にする。その〈アゴ子〉は足が早く県内でしか食べられない。アゴ竹輪やカレイ一夜干しもよい酒の肴だ。

四国四県は背中合わせに異なる風土と気質を持つ。香川は瀬戸内の魚と飲んだ後はもちろん、うどん。徳島は紀伊水道でもまれた魚の刺身にスダチが欠かせず、愛媛はじゃこ天がうまい。居酒屋天国高知は、ご存知鰹やウツボの叩き、鯨料理、春先の珍味・穴子の稚魚〈のれそれ〉、生しらす〈どろめ〉で、男も女も豪快に酒を飲む。

鳥取・米子「桔梗屋」

米子の飲み屋街と通り一つへだてた料亭の構えながら、板座敷の広大なカウンターは、さあ飲むぞの気分を盛り上げる。山陰の幸をそろえた料理は目移りして選択に困り、コースを勧める。初め七種ほどの一口盛りだけでも旬の海山川をじゅうぶん楽しめ、続く丁寧な仕事はうなるばかり。名酒「辨天娘」を中心にした至福のときとなる。

島根・益田「田吾作」

市内を少し離れた山裾の築六十年になる大きな民家一軒まるごとの居酒屋。巨大水槽には漁港から毎日トラックで運ぶ魚が回遊し、自分の畑からそのつど抜く野菜、山採り山菜、まだ温かい自家製豆腐など、すべての食材は生きた天然自然ばかりで、間違いのないものを食べている圧倒的幸福感に満たされる。表現する言葉はただ一つ「豊饒」。

愛媛・宇和島「ほづみ亭」

古い料亭の別玄関は気楽なカウンター席だ。豊後水道の冬から春のカワハギ、名品・清水鯖は透明感ある絶品。〈鯛めし〉は炊込みでなく、たれ漬け刺身のぶっかけ生卵入り。ハランボすり身の〈じゃこ天〉はもちろん、〈ふくめん〉〈伊予さつまめし〉〈丸ずし〉〈太刀魚竹巻き〉などの不思議な郷土食は、はるばる来た四国辺境を感じさせる。

九州・沖縄――焼酎圏ならではの肴で飲み方もいろいろ

九州は、福岡、佐賀あたりはよい地酒もあり日本酒を飲むが、その他は圧倒的に焼酎圏だ。焼酎は全日本に広まったが、本場では、オンザロックや湯を注ぐお湯割りではなく、昔から変わらず前割り（数日前から水で割ってねかせておく）のお燗で愛飲し、焼酎とのおだやかな付き合い方は一歩も二歩も上手だ。日本酒は刺身などの美食（ハレ）に合うが、焼酎はむしろ揚物などの日常食（ケ）に合う。その代表が〈つけあげ＝さつまあげ〉だ。

福岡は玄界灘の豊富な魚が主役で、鯖刺身をごま醬油で和えた〈ごま鯖〉は福岡の居酒屋にはどこにもある逸品。同じものが大分では〈りゅうきゅう〉と言い、関アジ、関サバなら上等だ。外国に開けた長崎は〈豚角煮〉など一味ちがう肴があり、佐賀は有明海の海の幸が無用な干拓事業で壊滅状態なのが痛い。絶品の平貝、マテ貝よ、いずこに。熊本は天草の魚貝と馬刺、鹿児島は〈きびなご〉と〈つけあげ〉だ。

海を越えて沖縄に渡ると酒は泡盛になり、亜熱帯気候を反映して料理も一変する。チャンプルー、テビチ、ラフテー、スクガラス、じーまみ豆腐、島らっきょう、海ぶどう、豆腐餻《よう》、沖縄おでん、ソーキそば。沖縄料理は医食同源の流れをくみ、陽性の哀調をおびた三線《さんしん》の調べとともに、身も心も限りない癒しにみちびく。

福岡「さきと」

カウンター一本、達筆品書き、それだけの店が西日本きっての名店だ。五島灘済州島の鯖をつかう〈ゴマ鯖〉、さらに〈鯛ゴマ〉、それをご飯にのせた茶漬け。冬のナマコは半身がそのまま出たように見えて一ミリに切ってある。さらに主人の出身・崎戸島の塩ウニは日本一と断言したい名品。てらわずさっぱりした主人もまことに魅力。

沖縄・那覇「うりずん」

昭和四十七年、本土復帰の年に創業した「うりずん」こそ、泡盛をふくむ沖縄食文化を日本と世界にひろめた功労者だ。昔のままの木造二階家は泡盛古酒の甕を守り、沖縄伝統料理およそ五十種の写真解説入り品書きは見ごたえがある。「うりずん」は春先の「潤い初め」。ここに座ってゆっくり泡盛古酒を含むと、自分の心にも潤いがわいてくる。

北海道の焼物、東北の漬物、関東の刺身、北陸の昆布〆、関西の酢〆、中国の煮魚、四国の叩き、九州の揚物、沖縄の炒め物。それらはみな土地の気候風土がつくる産物と、その生活環境に必要となる栄養を反映している。「世界無形文化遺産・日本料理」と言うけれど、「高級懐石」や「おもてなし」ではなく、各風土で日々の命をつないできたこちらに本領はあると思う。一杯の酒を手に、それを居酒屋で味わう。

第四章　身も心も満たす「いい店」はどう探すのか

老舗五店から考える「居酒屋民俗学」

全国の居酒屋をめぐるうちに、魅力は酒や肴のみでは語れないと気づいてきた。大都市と小都市。商業都市と文化都市。城下町と門前町。漁港と都会の港町。古都と新興都市。日本中に居酒屋のない町はなく、どこもがその町の歴史、気風、生活を反映していた。

そして、そこに住む人がその土地の居酒屋の特徴を作ったという当たり前のことをふかく認識し、酒や肴とともに「その店を味わう」ことに居酒屋めぐりのおもしろさをみるようになった。いわば「居酒屋民俗学」である。日本各地にみつけた歴史のある居酒屋は、どこも店の物語を持っていた。そのうち五軒をここで紹介したい。

宮城・仙台「源氏」

仙台は横丁の町で、繁華街国分町には伊達小路、稲荷小路、狸小路、虎屋横丁。離れて壱弐参《いろは》横丁、仙台銀座、ジャンジャン横丁。

文化横丁、通称ブンヨコは大正十三年に通った横丁で、活動写真館「文化キネマ」から名がついた。その奥の肩幅ほどの極細小路を横に入り、さらに左に折れた行き止まりが居酒屋「源氏」だ。

板戸を開けて一歩入ると外の喧噪は絶たれ、舟底天井の下に大きなコの字にカウンターが回り、一枚板の腰掛が囲む。四方隅の行灯がぼうっと照らす店内は年代を経た艶光りが美しく、静謐感を深める。建物は江戸末期～明治初期の石造り米蔵で、昭和二十五年から居酒屋に使うようになった。

カウンターの囲む板の間に、着物に白割烹着、艶々した黒髪を舟形に結い上げた細面の美人女将が一人立つ。注文をうかがう他にあまり口を開くことはなく、用のない時は隅の椅子に手を重ねて伏し目に座る。ほの暗い室内、女将の古風な行儀、店にこもる昔の空気が気持ちを落ちつかせる。

酒はコップ酒で、一杯ごとにお決まりのお通しがつく。一杯目は煮物と開店以来のぬか床の漬物。二杯目は豆腐で夏は冷奴、冬は温奴。三杯目は季節の刺身としじみ味噌汁。他にも一夜干しや塩ウニ、自家製胡麻豆腐などのビラが貼られる。

燗酒は、上から入れた酒が寸胴の湯の中のらせん管を通って温まり、下の蛇口でコップに受ける昔の流動式燗付器で、温かみがやわらかくおいしい。開店以来のもふくめ数台を大切に使っているそうで日々の洗浄が欠かせない。

源氏の静かな雰囲気は仙台の実業人や大学の先生に好まれ、東北大学は学長以下常連で、ここで教授会ができると言われた。見せていただいた創業先代女将の写真は、縞柄着物を粋に着こなし、竹久夢二の美人画にそっくりと評判だったそうだ。その写真の店内は今とまったく変わらない。常連客には毎日五時にきちんとネクタイで来て、コップ酒二杯を飲んでゆく八十代の紳士もいる。

宮城沖地震のときは開店中で瓶を手で押さえた。東日本大震災は小棚に置いた一升瓶が落ちただけで何の被害もなかったが、ガスが通じなく燗付器が使えないので、やむなく三週間ほど休んだ。その間「源氏はどうなった」と様子を見に来る常連が絶えなかったそうだ。

蔵造りは普通六尺おきの柱を三尺おきにたてるが、この米蔵の柱は一尺おきで、床は大きな天然石だ。蔵造りの土壁は火を防ぐが揺れには崩れる。崩れても建屋の骨組みは残るので、壁だけ塗ればすぐ再生がきくのは、地震や火災の多い風土の先人の知恵だ。東日本大震災のすぐ後にもここを訪ねた私は、被害のなかった安堵とともに、その知恵を知った。

ここには東北の文化都市・仙台の落ち着きがある。

神奈川・横浜「武蔵屋」

横浜野毛の坂を上がった路地角の、戦後のままとおぼしき小さな木造一軒家に、夕方四時半を過ぎると一人、二人と人がやってくる。五時きっかりにガラス戸の鍵が開くと開店。ここは看板も暖簾もないが居酒屋だ。

六坪ばかりのベニヤ天井の小さな店は、木肌むきだしの柱も板壁も古くすすけているが、よく拭き掃除されているのがわかる。カウンターも机もたいへん質素で、奥の畳四枚ばかりの小上りの卓は、まな板のような手作りの台だ。

夏は開け放たれた窓に風鈴が下がり、青々と打ち水されたヤツデからすだれ越しに扇風機が風を運び、男たちはここぞとばかり嬉しそうに扇子を使う。クーラーはあるが客が使わせない。気が向くとやってきて窓際に寝そべる猫は皆が知っている。まさにここは清貧の居酒屋だ。

武蔵屋は、明治生まれの木村銀蔵さんが大正八年に始めた立ち飲み屋で、戦後ここに移った。今もカウンターにある立派な銅の燗付器は昭和十年にあつらえたもので、右書きで誇らしげに屋号「武蔵屋」が浮き出される。銀蔵さんは、出せば儲かるのに「酒は一人コップ三杯まで」と決め、それ以上は出さなかった。そのルールは今も続き、通称「三杯屋」と言われるようになった。

品書きはなく肴はお決まりで、おから、玉葱酢漬け、鱈豆腐、納豆、おしんこが酒のすすみ具合をみて順に出る。たまに里芋衣被《きぬかつぎ》もある。ビールは酒三杯を超えてからは出さない。

銀蔵さんが亡くなられた後は、長女・喜久代さん、次女・富久子さんで続けていたが、富久子さんは腰をいためてリハビリ中で、今は喜久代さんが続けている。そのお歳は九十歳を越えた。店の手伝いは伝統で横浜国大の学生アルバイトだ。交替シフトを組み通って来る。独身を続けた喜久代さんの孫、いや曾孫世代の、はつらつとした若い女学生たちは店に明るい活気をつくり、たそがれた雰囲気はない。五年生まで続けた某君は就職が決まってやめることになり、常連が彼の功労会を開き喜久代さんも招いた。経済学部の彼はここに通ううちに、昭和の雰囲気を残す野毛の町に興味をもち、商業発達史として卒論「野毛の歴史の変容」を書き上げた。

常連には横浜の財界名士や学者、文化人も多く、学生や社会人になりたての頃に金がなくて通ってきていた人がしばらく来なくなり、やがて地位も得て時間の余裕も出てくるとまた足しげくやってくる。ここを定例にする会は多く、そのひとつ「なごみ会」は日本郵船幹部OBの会で、会長は徳川宗家十八代当主・徳川恒孝氏。氏は横浜支店に入り、副社長まで務められたが「新入社員の重要業務は武蔵屋の席の確保だった」と新聞に書かれていた。

壁の額は横浜市から贈られた感謝状だ。

〈感謝状　武蔵屋　木村喜久代様　富久子様　あなたは永年にわたり事業を通じて横浜の魅力づくりに多大な貢献をされ、また横浜の魅力発信に大いに寄与されました。よってここに本状を贈り深く感謝の意を表します。平成二十三年七月六日 横浜市長 林文子〉

永年表彰や長寿祝ではなく、一介の庶民居酒屋が「町の魅力をつくった」ことを行政が認めた意義は大きい。

歳の暮の一年最後の営業日だけは開店を四時に早め、三杯を超えたら持ち込み酒もOKだ。満員の常連はここで歳の最後の日に集まれたことを喜び、一時間おきに三本締めの手がおきる。そして外に待つ長い列に席を譲る。今は喜久代さんのお歳もあり、週三日だけの営業だが、皆の望みはただひとつ「来年もここで飲めますように」だ。

うまくて安いだけではない。ひとつの居酒屋が人生の長い伴侶になることを武蔵屋が示している。

愛知・名古屋「大甚本店」

名古屋広小路伏見。交叉する目抜き通り角の三階建ての、黒い丸太を縦に並べた外壁に、「大甚」の切り文字が箱に納まり鎮座する。ここが名古屋で知らぬ人のない、創業明治四十年の居酒屋「大甚本店」だ。

「準備中」の札もものかは、開店の四時前から「酒」の紺暖簾を分け、客が入り始める。柱時計が四つ打つと店内が明るくなり、座って待っていた客がいっせいに立ち上がる。目当ては大机いっぱいの様々な肴だ。

鯛の子煮、かしわ旨煮、寒ブナ煮、小芋煮、オクラごま和え、海老とキュウリの酢の物、筍と高野豆腐、厚揚げときぬさや、煮豆、いか煮、たらこ煮、わけぎぬた、ポテトサラダ、等々季節により変わる小鉢が常時四十種あまり並び、好きなものをとってゆく。減ると大皿から次々に追加され、そのうち炊き上がっためじろ（穴子）煮などの大皿が湯気を上げて届く。冬の小鍋立ては空の鉄鍋に〈湯豆腐〉〈鱈鍋〉などの札が置かれ、頼むとできあがって届く。毎朝八時から総出で仕込む肴は、小鉢二百円、三百円ながら酒の肴としての完成度は極めて高く、昔に比べ薄味になったというが名古屋らしい濃い味だ。

一方、奥の調理場のガラスケースにはマグロ、カツオ、鯛、ヒラメ、ホウボウ、カワハギ、カマスなど時季の鮮魚が並び、刺身、焼魚、煮魚、てんぷらのあらゆる注文に老練な板前が応え、調理ののち運ばれてくる。ぴかぴかに光る鮎が出た時、稚鮎と成鮎を塩焼で二度注文したことがある。冬のメバル煮魚は絶品だった。

最もこころ魅かれるのが、玄関すぐの赤煉瓦二連へっついの大燗付場だ。青竹タガもきりりとした白木四斗樽の木栓をひねり、大きな片口に受け、じょうごで七十本余りの徳利に小分けしておく。へっついの大羽釜の湯にはつねに十五本ほどが燗され、注文に即とどく。日本酒は急いで燗するよりも、適温の湯に長く入っていると芯まで温まってやわらかく、風呂と同じだ。そのときこれも風呂と同じで肩まで沈むことが大切。徳利たちは首まで浸かって気持ちよさそうだ。隣の大鍋には盃がずらりと温まる。日本酒をこれほど丁寧に扱う燗付場はない。

明治以来使い続ける松竹梅印判の古風な背高細身の風格ある徳利の燗酒は、日本酒究極の絶品だ。常連の燗具合は熟知し、名古屋ではぬる燗のことを鈍燗《どんかん》と言い「○○さん、どん」と注文が通る。

酒は広島「賀茂鶴」の大甚専用タンクから樽で運ばれる樽酒で、四斗樽が一日で空になる。壁の賀茂鶴の感謝状〈貴店は戦前戦後を通じて賀茂鶴拡大に並々ならぬ……〉に万感の思いが伝わる。

昭和二十九年、「小さな店は請け負わない」と言う竹中工務店を口説いて依頼した建物は、階段床は欅、壁腰板は檜、地震がきてもうちだけは残るでしょうという頑丈なものだ。今は重厚に黒光りし、厚さ十五センチもある檜一枚板のいくつもの大机、合わせて作った椅子も全くガタはなく、しっかり作り、長く使う見本だ。

一階奥は広い入れ込み座敷で、座敷といえども自分で立って大机に皿小鉢をとりにゆくのは同じ。若いのが「アレとアレ、ついでに酒も持ってこい」と運び役につかわれる。二階も皿小鉢が並び、足りないと下から追加する。小上がりは小さな卓が自在に使え、相席を好まない一人者が「オレはここ」とわが居場所をつくり一人ごちる。通りを見下ろす窓に向いたカウンターはカップルに人気だ。

毎日来る客は数知れず、というか殆どが毎日来る常連で、四日市の九十四歳の歯科医の方は一本少しを飲んでお帰りというから立派なものだ。この店の名声を聞いてやってきた客も多く、しばらくは呆然としているが、やがて慣れ、心から満足している様子がよくわかる。ここ五、六年は女性客もずいぶん増えた。私は隣りの御園座に出演中の名優、故・大滝秀治さんと背中合わせになったことがあり、もれ聞こえた会話はやはり芝居のダメ出しだった。

大甚は、明治四十年、愛知県海部《あま》郡大治《おおはる》村で地酒「大甚」の名をとり山田徳五郎が始めたが早世。妹ミツが継いで名古屋に移した。その才覚と人柄は多くの客に慕われて隆盛の基礎を作り、働き詰めて五十代の若さで亡くなった。今は額の写真から店内を見ている。

現在店を差配する主人・山田弘さんは徳五郎の孫で、つるの太い眼鏡と胸の栓抜きをトレードマークに五本指ソックス、毎日バイクで河岸に通う。御歳やがて八十というが若々しい艶、声の張りは六十代だ。奥様・良子さんは不動のお燗番で信頼厚い。息子さんが二階を担当する。

良心的な主人とそれを愛する客が、長い年月をかけ作り上げ、その町の拠り所となった居酒屋こそが宝だ。通人の通う高踏的な店ではなく、大きな大衆酒場であるところに絶大な価値と誇りがある。カウンターで主人相手の一杯ではない相席机の酒は、村祭の酒の賑わいにも似て、豊かそのものだ。

いい酒、いい人、いい肴。歴史、良心、覇気。開店百年をとうに超えた「大甚」を知らずして居酒屋を語るなかれ。すべてにおいて日本の居酒屋の頂点。

京都「神馬《しんめ》」

京都で古い店は当たり前だが現役の居酒屋では、創業昭和九年、今の店は昭和十二年からの、千本の「神馬」が一番古いだろう。建物自体は百年を超えており、大正天皇即位御大典のとき表の道を拡げるために曳き家して退げたそうだ。

通りに面した蔵造りは上の白土壁に「銘酒　神馬」と鏝文字が浮き彫りされ、下半分は板壁。玄関周りは袖垣や飾り窓の古風な細工に、短い縄暖簾、京都おなじみの小さな赤い丸提灯がさがる。

入ると古めかしい店内に圧倒される。手前は大きなコの字カウンターが回り、奥の一本机は大勢で飲むのによさそうだ。昭和三十六年、それまで住まいにしていた奥を店に変えるとき、座敷として座っていた場所を下足で踏むのはよくないと、小さな泉池にして太鼓橋をかけ、手前と奥を橋懸かりの粋な趣向にした。店にただよう艶っぽさは、隣が上七軒花街だからだろうか。

酒は珍しく七銘柄ほどのブレンドだ。先代が当時の伏見の酒はどうもうまくないからと始めると好評で続いた。大きな甕に入れて布巾をかけ木蓋をおき、竹柄杓で徳利に汲んで燗する。店の最盛期に十二穴の銅壺燗付器は一つとして空く時がなく、一日八斗(!)が出たそうだ。千本は庶民の町で西陣の織屋や太秦撮影所で働く客で賑わい、七軒もある映画館の最終上映が終るとどっと飲みに来た。当時は家に酒のない時代で、酒は外で飲むものだった。

最盛期を支えた創業の酒谷とみさんは、九十六歳で亡くなられるまで店に立っていた。分け隔てない気っ風は警察にも町の顔役にも一目も二目も置かれ、あるとき、奥に新任警察署長が来たぞと、横柄な取り巻き部下が伝えると「それがどうした」と言って、並み居る客の溜飲をさげさせた。チンピラが舞台の切符か何かを売りつけに来ると、黙って十枚買い「見にいかんからやるわ」とその場で返し、それ以来チンピラは来てもおとなしく飲んで帰るようになった。ある酔漢が一本飲み終えてから「一合入っていない」と難癖をつけるのでもう一本出し、「あんた、量ったんか」と言った。表をうろうろしている金のなさそうな若い男を手招きで座らせ、大まけして飲ませてやったこともあったという。

常連には英文学者・深瀬基寛、仏文学者・伊吹武彦、画家・山口華楊など。画家・甲《か》斐庄楠音《いのしょうただおと》は毎日のように来たそうで、溝口健二監督作品の美術考証でその名に憶えのあった私はがぜんこの店が身近に感じられた。

昔に訪れたとき二代目主人は体調を崩して「おでんくらいしかでけしまへん」と力をおとし客足も淋しかったが、長い料亭修業を終えた息子さんが若い奥さんをもらって帰ってきて料理が格段に上がったこの五、六年に、店はみるみる盛り返し、今や味を知った予約客が全国から絶えない。快活な三代目は祖母の時代の盛況をとりもどしたのだ。

大阪「明治屋」

大阪阿倍野の「明治屋」は、明治の末に酒屋を創業、昭和十三年から居酒屋になった。重厚な瓦屋根二階家は大阪の商家の遺構をよく残す。店内の幅の狭いカウンターの正面に据えた青竹タガ四斗樽の台は、永年寄りかかった主人の尻で丸く減り、棚の紅白座布団に横たわるブロンズの牛は商売の守りだ。主役は銅の循環式燗付器で、四つある漏斗口に一合枡をひっくり返して酒を流し、ややおいて下の蛇口をひねる。木箱に並べた極薄ガラス徳利は今や数すくなく、「酒の明治屋」と入る最初期のものは貴重品だ。開店は午後一時。がたんごとんと鳴る表の電車の音を聞きながらの昼酒は、しゃべる人もなく、静かに町の拠り所になっていた。

が、阿倍野地区再開発が始まり、一帯から建物は消えて広大な更地になり、タワーマンションが一棟建ったが、そこで計画は頓挫。瓦屋根の明治屋だけが残り全国のファンを心配させた。

孤立を続ける二〇〇八年二月、明治屋は創業七十周年の祝いの会を開き、再開発で微妙な情勢のときの周年祝いは価値を再認識させるのではないかと期待したが、二ヶ月後の四月、もの静かだった主人・松本光司さんは急逝され、いよいよ店の行く末が案じられるようになった。二人のお子さんのうち兄は研究畑に進み、妹の栄子さんは父母の店を手伝っていた。葬儀などを終えたのち、奥様・成子さんと娘で細々と再開。六月、お悔やみに訪ねた私に奥さんは、松本さんが「太田さんに渡す」と残しておいた周年の引き出物を差し出して涙ぐんだ。私はいつものカウンターに座り、父が使い続けた循環式燗付器に手を伸ばす栄子さんに注目した。父と同じ動作でちろりから注いだ一合枡を漏斗口にひっくり返し、ややおいて蛇口をひねり、ガラス徳利にとり私に差し出す。そして栄子さんはもじもじと口を開いた。

「燗付は難しいです。ただ入れて、流して、受ければよいというものではないです。その日の気温、天候、燗付器の熱さ、お客の様子。そのすべてを考えなければ、よいお燗にならないです」

私は涙がこみあげた。よくぞ言った。この人はお父さんを継いでゆける。

阿倍野再開発はふたたび始動し、二〇一〇年一〇月、明治屋は取り壊して新しくできる商業ビル「あべのウォーク」に移転と決まった。

酒肴以上に、変わらぬ居心地を求めて通う居酒屋は、それが使いやすくきれいになったとしても、改装すると必ず客が離れる。全国にその失敗例をいくつも見てきた私は、新しい場所に入っても極力内装を変えないよう強調し、栄子さんも「皆さん、そう言はります」と答えたが、母と娘の二人、大規模ビルを手がける工務店あたりに「その方がカネかかりますよ」とあしらわれてしまうのではないかと不安が残った。

新開店の報を聞いた二週間後ころに出かけ、ぴかぴかのアーケード商店街の奥の新しい明治屋に目を見張った。玄関周りも、古い店名額も、吊り看板も、置き看板も、暖簾もまったく同じにそこだけがタイムスリップしたようだ。中もまた、レイアウトも、天井も、机、椅子も、大鏡も、品書き黒板も、牛の神棚も、四斗樽の台も、その台につけたファンタの栓抜きも寸分たがわない。

息をのむ私に栄子さんは「店の戸を開けて泣き出した常連が三人いた」と笑った。栄子さんは解体の始まった店を心配で見に行き、カウンターに十五センチほどの引っ掻き傷を見つけ〈カウンター最重要厳重注意!〉の紙を貼った。言われて見るとわずかな傷がある。「これは名誉の負傷」と笑う私に栄子さんは「まあ移転の思い出ということで、父もゆるしてくれると思います」と答えた。

新店敷地は奥が少し短くなったぶん、カウンターを三十センチほど切ったが、その板は小机にした。居酒屋は内装を変えてはいけない事をここまで徹底したのは快挙だ。しかし厨房やトイレは最新清潔に変えた。そのカウンターのいつもの席に座り、栄子さんの燗した酒を先代に捧げて飲んだ一杯は、生涯に残る味となった。

阿倍野はすぐ前に日本一の高さ三百メートル「あべのハルカス」も完成したが、昔のままの明治屋は変わらず繁盛している。

その街の心に触れる古い居酒屋のよさ

酒や肴だけではない居酒屋のよさを、わかっていただけただろうか。

第一章で書いた「古い店はよい」とはこのことだ。居酒屋は飲んで食べて帰るだけではもったいない。主人と話し、その店を好きになり、常連の一人としていつまでも続くよう応援する。応援するとは、有り体に言えばしょっちゅう顔を出し、お金をおとすことだ。そうしてその店が自分の人生の一部となる。これが居酒屋を楽しむ上級編だ。

カウンター席で主人や女将と世間話をできるのが居酒屋だ。レストランや食堂は常連になったとしても主人と話しながら食事はできなく、帰り際に「おいしかったよ」と言うくらいだ。酒を手に一時間、いや、それ以上も居座る居酒屋とはちがう。

どこもがそういう店になるわけではない。古い店は、良心的で誠実な商売をしてきたからこそ長く続いてきたと思いたい。人と同じだ。良心的で誠実な人は長いつきあいができる。相性もある。どこか気の合う人と出会い、つきあいを重ねてゆくのは一生の宝だ。女なら結婚しよう、いや愛人でもいいか（コラ）。居酒屋とはそういうものだ。

私は居酒屋旅を続けるうちに、そういう店に出会うことが最終目的になった。知らない町に出かけ、その町の名物になっている古い居酒屋に腰をおろすと、本当に「ハート・オブ・タウン」、その町の心臓にたどりついた気持ちがして、さあ、ここを動かないぞという気持ちになる。サマセット・モームは「その町を知りたかったら市場に行け」と言ったが、私は「古い居酒屋に行け」と言いたい。

ロンドンやリバプールのパブでも同じ体験をした。時間どきに、まずは中高年の紳士、レディが集まり始め、ビールを飲みながら世間話をかわす。彼らは座らずに立って話す。土曜ともなると昼過ぎから、この日は「着飾って」くるのがうるわしい。

夕方からは、勤めを終えたサラリーマンがネクタイをゆるめてほっとする様子は日本と同じだ。一方カウンターには、一人黙然と客をながめ、時々店員と話す常連らしきもいる。夜八時ごろを過ぎると若者の世界だ。皮ジャンに腰鎖、お姉ちゃんも威勢よくビールは瓶のラッパ飲み。店はそろそろ片づけ始め「何か食べるものはないか」と聞くと両手を広げてNOサインを出した。

リバプールで人づてに訪ねた当地最古といわれるパブは、今はあまり使われなくなった昔の波止場にぽつりとあった。帰帆の船に「やってるぞ」の明かりを見せる立地らしい。荒っぽい煉瓦積みは十八〜十九世紀の建物と聞いた。丸テーブルを三つばかり置いただけの店内もいたって質素、というか貧弱で、カウンターの腰板は裸ベニヤ板の打ち付けだ。

しかしビールサーバーは六つもあり、どれがよいかわからないまま種類を変えて三パイントほど飲み、いずれも味は違うがすばらしくおいしく、すべて地下のミニブルワリーで作っているこのパブだけのビールと聞き感嘆した。肴はなく、ぶらさげてある袋菓子のピーナツを買った。店内に列を成して飾られる額入りディプロマは、ここがその年度のベストパブであることを証するものだ。こういう、貧相であっても格式を認めるイギリスっていいなあと思った。

カヌーイストの野田知佑さんは、お願いした私の文庫本の解説に「イギリスでは、良いパブを知っている事が紳士の条件」と書かれていたが、日本の男もある年齢になったら「良い居酒屋を知っているのは紳士の条件」と言いたい。それはパブがきっとそうであるように、古く、格のある店でありたい。

初めての土地でよい店を探すコツ

それではそういう店をどうやって探すのか、とよく聞かれる。

知らない地方の町に行ったとしよう。ホテルや、タクシー運転手の居酒屋情報はあてにならない。ホテルは案内する店が決まっていて地元密着酒場は入っていない。タクシー運転手は夜は外で酒が飲めないから居酒屋は知らない。ただしラーメン屋はよく知っていて「このへんでおいしいラーメンは？」と聞けば即答する。

地方都市はおおむね「東京から来たお客さんを案内する店」があり、大部分は型通りの（東京に支店もあるような）郷土料理で、出るものもまた型通りとおもしろくない（これなら東京で食べられる）。また近頃はネット流行《ばや》りでなんでも出ており、私も取材上使ったこともあるが、行ってみた店は百パーセントはずれだった。すべて素人情報で、あんなに当てにならないものはない。

初めての地で肝心は探す場所を間違えないことだ。今は駅前がにぎやかだけど、昔はあっちだった、と聞いたら古い方優先だ。私の方法は、昼ごろその町に着き、ホテルに荷物を預け、明るいうちに繁華街（古いのも新しいのも）を隅々まで歩いて見当をつける。ロケハンだ。

探すのは古そうな店だが、古いだけで取り柄のないところもある。早い時間から板前が支度を始めている店は料理がよいかもしれない。店は清潔に限るが、古くても丁寧に使っているところは好感がわく。基本的には小さな店がいいが、町の名物的大衆酒場が見つかれば、これは入ってみなければいけない。と見てまわり、最初の一軒はここ、その後の候補はここと決めておく。

これはとても大切で、夕方から行きあたりばったりで歩いても、迷うばかりで決められず、「どこでもいいや」と入ったら大外れ、はよくあることだ。出張ついでに夜の居酒屋を楽しみに来たけれど、結局決められず、「つまらないなあ」と思いながらホテルの店でお茶をにごすのは残念だ。

ともかく最初の一軒が大切。最初の一軒は絶対に外れないようにしてある程度満足したら、その後は多少はずれても笑い話になる。そうして計画を立ててホテルに帰り夕方まで眠る。目覚めたら胃腸薬を飲み、あとは決めておいた一軒目にためらわず直行。そこがいまひとつなら、二次候補、三次候補だ（一軒目は絶対にはずしたくないというお方には、私の時間と金と体力の結晶『太田和彦の居酒屋味酒覧』をオススメいたします）。

大人は居酒屋で心を満たす

私は居酒屋は、大人のためのものと思う。子供のための居酒屋は当然ないのだが、こをある程度知って、ものごとの道理をわきまえた「本当の大人」という意味だ。では「大人のための居酒屋」とは。

居酒屋はおいしい酒、肴、友達との肩の力を抜いた語らい、と楽しく時間を過ごせる心地よい場所だ。一方、大人になってというか、晩年を迎えて、一人で自分だけの時間を持ち、その間黙っていられる、これが大人の居酒屋の神髄ではないかと気づいてきた。

仕事をしていれば周りと話さないわけにはいかない。家へ帰っても三十分も黙ってると「どうしたの?」と不安に思われる。心配事かと気を揉まれてもいけないので何かしゃべらなくてはいけない。一人黙って新聞でも読みながら盃を傾けたいと思うけれども、なかなかそれができない。それが家庭というものだろう。

女性はどうかわからないが、男は一人で黙っていたい時がある。たまに妻から「すみません、今夜、友達と遅くなるので外で食べてください」ということがあると、「しめた、居酒屋だ」と思うだろうが、さにあらず。早めに家に帰り、風呂を浴び、ビールを出して、好きなテレビを見る、音楽を聴く(耳に突っ込んだイヤホンでなく、スピーカーからの生音のうれしさよ!)、あるいは何もせずぼんやりと(これが一番多い)。ああ、家に一人でいるってなんていいんだろう。妻が「友達と温泉行ってきていい?」と願い出れば「おお、行ってこい、行ってこい」だ。

一人になるのは案外難しい。公園で一人じっと長く座っていると警官に「どうかしましたか」ときかれる。徘徊老人ではないのだが。喫茶店でコーヒー一杯で粘ってもいいが三十分いるのはなかなか辛い。一人でも入れるからと映画館へ行けば映画を観なくてはいけない。一人になりたいのに自分の気持ちが映画に奪われることが、ちょっとつまらない。ぼーっとできるサウナは服を脱がなくてはいけない。一人ぼんやりは、家の中でも外でもなかなか難しいのだ。

そこで居酒屋だ。居酒屋は注文以外に何もしゃべらずに一人になれる。しかも目の前には酒もある。腹が空いて入ったのではない。鰻屋で食べ終えてじっといつまでもいると、「まだ、何か?」と言われるが、居酒屋は酒さえ置いておけば訝《いぶか》しがられない。酒一本だけで一時間も何も注文しないのは店に作法違反だが、およその品を置いておけば好きなだけいられる。

そのとき何をしているか。「心の充足をしている」。何か不満があるわけでもなく、ただ静かに心を充足させている。そして、その心が満たされると出てゆく。腹一杯になったから、あるいは頼んだ料理が終わったから出てゆくのではない。もちろん飲んで食べているけれど、腹にたまらない塩辛あたりで「時間をつぶし」、黙として酒を飲む。そして「さあ、いいかな」と充足感が湧いてくると「勘定」となる。

なかなか充足感が湧いてこない時もある。そういう時はハシゴだ。酒好き、酒場好きはどうしてハシゴをするかというと、もっと飲みたいということもあるが、心がまだ満たされないからハシゴをする。

つまり「レストランや食堂は胃袋を満たすところ、居酒屋は心を満たすところ」だ。これは近代の都市の産物かもしれない。明治の文明開化で一応身分制度がなくなり、漱石のような人が人間心理を分析し、一人の鬱屈という近代自我が芽生えてくる。もう少し下って永井荷風。フランス官費留学で西欧の市民意識を身につけた人が、山の手の麻布から、下町など都市を逍遥して歩く。都会というものが成熟して、そういう人たちが集まる場ができてきたからでもあるのだろう。

誰も知らない所にわざわざ行って、一人で酒を飲んで帰ると言うと、「寂しくないですか」と聞かれるけれども、その反対なのだ。

中高年居酒屋デビューの心得

高齢者時代になって、居酒屋もひまなリタイア中高年ばかりだが、彼らはおよそ居酒屋のふるまい方、酒の飲み方ができていない。

まず注文ができない。品書を見ても選ぶことができず、店員が側に立ち「何にしますか」と訊かれても答えられない。会社にいたころは部下もいて「何か適当にたのんでくれ」で済んだがそうはいかない。しかし自分で注文しない限りものごとは一歩も進まない。

酒を飲み始めても、誰も自分に気をつかわないのが面白くなく、店員に「君、あれはまだか」などと口調が横柄になる。そして止せばよいのに他人に話しかけるが、自分の現役時代のこと以外に話題が見つからない。「私はもと○○会社、最後はいちおう部長まで行ったけどね」と言いたくてしかたがないが、言っても「ああそうですか」だけの返事が不満だ。また逆に相手がどういう会社でどういう地位まで行ったかを知らないと落ち着かず、隙あらば聞き出して自らと比較する。ようやく相手をつかまえて話し始めても「会社ってのは、要はコミュニケーションだね。それと人事、ある時社長に呼ばれてね……」。そんな自慢話熱弁など誰も聞きたくない。

会話の方法も知らない。ともかく自分を語ること語ること。相手の話は聞かず、さえぎって「あそう、話は変わるけど、ボクがね」と無神経、相手への相槌は「あ、それ知ってる、それも」ばかりだ。

自分の存在感がないことが不安でしかたがない。話を聞いてくれる人が誰もいなくなったことへの寂しさや不満。実は俺は偉かったんだぞと一生懸命まくし立てないかぎり、誰も自分を認めてくれないと思っているのだろうが、まことにみっともない。

またリタイア後、地域の活動に参加しても、元○○の経験や知識（？）をふりかざして敬遠されるという話をよく聞く。部下をあごで使っていた癖が抜けず「君はあれをしなさい、ポイントは」と指示をしたがる。「それをあなたがやってください」と言うと「それはぼくの仕事ではない」と逃げ、あげくの果ては誰からも嫌われる。こういう姿勢が居酒屋でも表れて、嫌みな客となってゆく。

自分の過去の職業も肩書きも業績もすべてゼロにしなければいけない。会社を離れたらしゃべることが何も見つからないのは人間として幼稚だ。「昔は何をしてたんですか」と聞かれて、トクトクと話してはいけない。「まあ平凡なサラリーマンでした」とさらりとかわしたい。

ここからが大切と思うのだが、私はよい歳になってもう一度自分をゼロにして出発するのは、チャンスと捉えたらよいのではないかと思う。過去を捨てるのは痛快ではないか。生活に不安があってはそう簡単にはゆかないが、ここは一番「本当になりたかった自分」になってみるのはどうだろう。それは例えば「しゃれた紳士」であり、「男らしさを通す男」であり、「女性に親切な素敵な人」であり、「まわりを明るくする人」であり、「気前のいい奴」であり、「居酒屋の常連」であり。

成功も失敗も、陽のあたらない苦労も、そこからの立ち直りも、酸いも甘いも知った長い人生経験の知恵の使い所だ。相手の話をじっくり聞いて本質を見抜き、意見を期待されると懐深い答えを用意し、いつしか尊敬されてゆくのが真の大人だ。肝心なのは思慮と知性とユーモアだ。

居酒屋の良さは、身分も地位も、金持ちも貧乏も、堅気もヤクザも、男も女も、誰もが対等であること。そこに、あの人が来ると店が引き締まる、愉快になる、悪口を言う雰囲気が消えるという人がいる。それを「酒品」と言う。そういう客になりたい。

それは「男を磨く」ということだ。周りに気を配り、自分がどう見られているかをつねに意識して、不埒をゆるさない雰囲気を保つ。そうしてゆっくりと盃を重ねる。知らぬ他人のいる居酒屋ほどその修業のできる場所はない。

私のよく行く恵比寿の小酒場は、大企業会長も、名のある俳優も、大学の先生も、物書きみたいなのも、謎の美女も、何をしているかわからない男も、安そうだと入ってきただけのサラリーマンも、どうやら裏稼業らしきもいて顔見知りだが、氏素性を聞いたことはない。お偉いさんでも秘書や部下連れではなく、俳優もマネージャーみたいなのはいない。誰もがひとりの器量で来て、ひとりで飲んで、自分で勘定をして帰る。これがじつにうるわしい。もしかするとユートピアかもしれない。

「あの人はいい人だ」と言われる客になりたい

リタイアしてカルチャーセンターやスポーツもいいが、それはめんどくさい人もいる。私は居酒屋を勧める。組織や仲間に頼らず、自分一人で何でもやって始末をつけ、うまくいかなくても自分のせいという癖をつける。つまりリタイア後の自立の訓練に居酒屋を勧める。夕方ふらりと出て行っても、どこにいるか分かっていれば家族も安心だ。いや、その間、気楽にできると喜んでいるかもしれない。帰ればごろんと寝てしまうから始末がいい。

てなわけで、居酒屋で一人静かに盃を傾ける練習をし、いつしか顔なじみができたら、ゆっくりと心を通わせてゆく。最大厳禁は自慢と自己主張だ。相手にそういう気配がうまれて来たら離れればいい。求められるのは紳士であること。無礼講がゆるされる場所であるからこそ紳士のふるまいをするのが本当の紳士。その修業を居酒屋でする。

私は居酒屋で他人に話しかけるということはまずしないし、話しかけられても失礼のない範囲で適当な返事しかしない。人は話をしたくなくてここに来ている、と前提に考えているからだ。何十年も通う居酒屋はたくさんあるが個人的な話はしない。そうすると先方も察し、立ち入ったことは話してこなくなる。その間合いがとてもいい。そうであるからこそ何十年も同じ顔でつき合ってこれたのだ。

もう少し突き詰めると「うわべだけのつき合い」が大切と思う。

京都では、関東で好まれる「竹を割ったような性格」は人気がない。「なんや、あの人つまらん」で片付けられてしまう。人間なんだから、秘密とか、嘘とか、隠し事のある人の方がおもしろいと。もちろん隠しておきたそうなことは根掘り葉掘り聞いたりしない。「なんや事情がおますんやろ」の相身互いだ。これは狭い都にあって何百年と関係が変わらない中で生まれた生活の知恵だろう。

また大声を上げる人はいちばん嫌われる。その昔、薩長や関東の田舎武士の粗暴な大声が毛嫌いされたのは今も変わらない。会話は小声でひそひそ話すのが基本、居酒屋でももちろんそうだ。お茶屋でバカ騒ぎして自分を誇示するのも田舎者に見られる。観光資源だからそれを許し、おおいにお金もおとしてもらうが、地元の人はお茶屋でも騒いだりせず静かに飲む。だからその時手元に金がなくても上れる常連が許される。京都では大物ぶった豪快な人はもてない。カウンターの隅で「はぁ」とため息をつき、頰杖で盃を傾ける線の細い二枚目がもてる――脱線ご容赦。

私はこれが大人のつき合いだと思った。うわべだけでさらりとつき合えるのは上品なことだと。互いに良い部分だけでつき合い、それ以上の干渉をしない。居酒屋で難しい話を相談されても困ってしまうし、受け応えを間違うと妙なことになったりする。「よくぞオレに聞いてくれた」と喜ぶむきもあるが、私はかかわりたくない。酒がまずくなる。

店の主人ともきれい事だけでつき合う。店が空いて、主人が「今日はゆっくりやりましょうや」などとこちら側に来られるとちょっと困る。カウンターをはさんだ「主人と客」という関係が好きなのだ。人は人、自分は自分。距離感を保って、よいところだけでつき合うのが大人。そんなことも私は居酒屋で学んできた。

よい年齢になり社会経験を積むと人の見方も変わってくる。社会的地位が高い・低いなどという価値観はとうに消えた。逆にそこにこだわる人とは用心してつき合うようになった。立身出世をはたした、経済的に成功した、それがどうした。頭がいいとか、人を引っ張ってゆけるとかも消えた。

そして残ったのは「あの人はいい人だ」だ。人格者でなくてもいい。死んだ後「もうちょっと一緒に酒飲みたかったな」と言われるようになりたい。

旅の夜は居酒屋で

居酒屋修業の卒業編は、居酒屋を訪ねて各地を旅する居酒屋旅だ。

これがとても増えていると実感するのは、地方の居酒屋のカウンターでよく話しかけられるからだ。目立つのは夫婦の居酒屋旅。

ある広告代理店の調査によると、夫婦でリタイア後にしたいのは国内旅がトップだった。何度か海外旅行もしたが、治安は悪いし、言葉は通じないし、お金の計算は面倒だし、興味ある飲食店にぶらりと入ることもできないし、もういい。しかし国内なら治安はいいし、言葉は通じるし、お金の計算はできるし、何かあったら携帯電話がある。而《しか》して国内旅行だが、旅館に泊まって部屋で食事していたのでは家にいるのと変わらず「おい、テレビつけろ」になってしまう。そこで町に出るが、老舗の蕎麦屋も鰻屋も食べたら終わりで、せいぜい一時間だ。その点、居酒屋は、うまそうなものをちょこちょこつまみ、酒さえ置いておけばいくら長くいてもよい。酒が入れば話も弾む。じっくりいると土地の名物や気質も見えてきたりする。

秋田の名居酒屋「酒盃」のカウンターで一人、盃を相手にしているとき、端の中高年ご夫婦に「失礼ですが、太田さんでしょうか」と声をかけられ、持参の『居酒屋味酒覧』を開いて見せてくれた。そこには全国の行った店の寸評が書かれている。ご夫婦の旅はホテルに荷物を置いて着替えると、本を頼りに目指す居酒屋に入るそうだ。

「奥様もいける口ですか」とうかがうと、お酒は飲めないが、酒の肴はおいしいうえに量が少なく、いろいろ楽しめるとのご返事で納得だ。面白いのは奥様の方が度胸があること。ご主人は「あなた、いつもこんなおいしいもの食べてるの」と言われたくないのか、焼油揚か漬物くらいでおとなしくしているが、奥様は「私、活海老のお造りと茶碗蒸し、出汁巻玉子もおねがいね」と豪勢で、ご主人は目をまるくする。

ご主人がトイレに立ったとき奥様に聞いた。

居酒屋旅は、家では仏頂面の旦那様が酒でご機嫌にしてくれているのがまず嬉しい。そして家ではあまりない夫婦の会話が、カウンターの主人や女将を中にした三角形に弾むのが楽しいそうだ。

「どちらからおいでですか」

「え、東京です」

「奥様と二人旅なんていいですね」

「いや、ま、こいつが行こうって言うもんだから」

「あら、ここに決めたのあなたでしょ」

「ははは、うらやましい」

「こちらの地酒は何ですか」

「はい、これはですね……」

こんな調子。差し向いでは弾まない話が、目の前に第三者がいることで弾む。酒があればなおさらだ。

さらに奥様は語った。もうよい歳になってしまったけれど、男があれほど通う居酒屋という所に女の私だって入ってみたい。しかし家の近所は人目もはばかられ、知り合いに会ったりしたら体裁がわるい。しかし自分たちを誰も知らない地方の町なら堂々とそれができる。

結婚したころは夫婦二人で夜の町を歩き、お酒を飲んだりしたこともあったが、主人は仕事に、私は子育てに忙しくなり、そういうこともなくなった。そうして数十年、主人はリタイア、子供も家を出て、また夫婦二人になり「旅行でもするか」と出てきた。そして数十年ぶりに夫婦二人で夜の町を歩いた。初めはちょっと怖く、ご主人の腕にしがみついた。ほろ酔いで歩いたその経験が楽しく、以後自分からも誘うようになったと。

わかるような気がする。そして続けた言葉がよかった。

自分の旦那様が居酒屋の主人と対等に話すのを見て、「結構やるじゃない」と見直した。家庭の奥さんは、仕事なり何なりで旦那が外で他人ときちんと話をするのを見る機会はあまりない。家にいれば粗大ゴミ扱いだ。それが、旅先だからある程度おしゃれした身なりで、盃を手に姿勢良く愉快に話のできる主人に惚れ直したと。なるほどそういうものか。これは男にとっては望外の成果（?）か。

ご主人が戻り、入れ替わりに奥様が席を立ち、こんどはご主人に聞いた。

「夫婦の居酒屋旅、いかがですか」

「いや、たまにこれやっとくと、一人で飲みに出るとき、行ってらっしゃいと言ってくれるんですよ」

一人で居酒屋に行くのを認めてもらえたか。と言いながらも夫婦酒はまんざらでもなさそうだ。

「明日は会津の『籠太』に行きます」

「ああ、あそこはいいですよ、ニシン山椒漬が絶品」

「へえ、それ何かしら」

私も加わり旅の三人酒が弾んだ。

もっと若い夫婦とも一緒になった。二人で運転を交替しながら東京から車で来て、ホテルに入れて来た。今夜はこの後もう一軒、明日は青森でここと ここ、と本を開く。奥さんいわく、互いのすれ違い生活を埋めるのに居酒屋ほどよいものはなく、それも家の近所じゃだめ。わざわざ遠くに出てくるからこそ気持ちが結びつくこの旅を大切にしていますと。

父と息子の二人旅もあった。父がトイレに立ち、息子に聞いてみた。

「オヤジとの旅はどうだい」

「思ったよりいいです」

私は、オヤジさんが初対面の人と堂々と闊達に話すところを彼に見せたいと思い、戻った父とその土地の歴史などを話してうなずきあい、盃を交わした。息子はまんざらでもなさそうに父の顔を見ていた。

母娘もある。「お母さんとお嬢さんなんていいですね」と言うと「気楽、食べてばっかり」と笑う。お母さんにはお酌していただきうれしいことでした。

長岡の「魚仙」で、「太田さんの『居酒屋百名山』（新潮文庫）を九十八まわり、あと沖縄だけ」という人が来たとも聞いた。居酒屋旅はもっと盛んになるだろう。

第五章　あのとき、何が起こったか——いつもそこに居酒屋があった

おいしいものを食べて飲める希望

平成七年一月十七日——。

阪神淡路大震災で燃え続ける神戸の町をテレビで見ていた。戦後生まれの私は、日本の国土が焦土となってゆくのを現実に見るのは初めてだ。建物が燃えているだけではない、あそこには人がいる、大勢の人がいるという気持ちがあらゆる言葉を失わせた。

それからおよそ三年後、雑誌「小説新潮」に連載していた「ニッポン居酒屋放浪記」の担当者が「神戸に行きましょう」と言い出し、私は大きな抵抗をおぼえた。三年たったとはいえ大災害で人々が必死になっているところに、ボランティアならまだしも、酒なんか飲みに行ってよいのか。すると「そういう気持ちを大事に持って行ってみましょう」と言う。意を決し、心を引き締めた。

最も被害の大きかった長田には居酒屋などないだろうと思っていたが、プレハブ物置小屋に「吟醸」という手書き看板で戸が開いていた。おそるおそる入った中はおよそ三坪。右に箱に乗せたカウンター板一枚。左は壁にコップ置き台を打ちつけただけの立ち飲み。カウンターの主人は狭い後ろに食器や酒箱を重ね置く。およそ殺風景な物置のような、いや現実に物置小屋だが、注ぐ一升瓶は高級な吟醸酒で値段は破格に安い。

現場作業着かジャンパーの男ばかりが壁を向いて黙って飲み、会話をする者はなく、酒でも飲まなきゃやってられんという気持ちが充満している。私はよそ者の場違いな申し訳なさに小さくなっていたが、そのうちに「飲むから、なんとかやってゆけてるんだ」と気づかされ、「酒の力は強いな」と感じたのをとても強く覚えている。

店の主人は神戸の大きな割烹で板前をしていたが、店は崩壊してなくなり仕事を失った。しかし食べてゆかねばならない。稼がなくては始まらない。空き場所を借りてプレハブを建て、板を運んでカウンターを置き、飲める体裁だけ作った。そのとき考えた。こんなときだから酒だけはいいのを飲ませたい。一杯の酒を「ああ、うまい」と飲んでもらうことが立ち直る希望になってもらいたいと。そしてほとんど原価値段で出すことにした。

私にも名酒「梅乃宿」をなみなみと注ぎ、「この値段で大丈夫だろうか」と思わせる。三つか四つある肴は同じように安く、貴重品と思い遠慮しつついただくとたいへんおいしい。一流割烹の腕は安い材料をうまく食べさせるコツを心得、それはまた大災害後のプレハブでも質は落さないプロの意地であり、「ああ、こんなうまい酒があるんだ、食い物があるんだ、じゃがんばろう」という希望を人々に与えていた（それから何年か後、「吟醸」は向かいに建ったビルの一階に入れることになりプレハブ店舗は閉めたが、今でも借りて酒倉庫にしている。中にはプレハブ営業当時の写真が貼ってあり酒を取りに行くたびに見る。「あの初心を忘れるな、です」と主人はもらした）。

「吟醸」を出てしばらく歩いた同じ長田に、ワイン酒場「川島しょう店」があった。自宅でやっていた酒屋は全部は倒れずに残り、二階には寝泊まりができた。庭にガレージのフレームを立て波板トタンで囲い、仮屋根をのせ、調理のガス台はむきだしのまま、まず水道を直し震災三ヶ月後に営業を開始した。使える椅子やテーブルを集めて並べたが、ちゃんとテーブルクロスをかけ、花も飾るのがうるわしい。二階に幼子たちがいるらしく、奥さんは上と行ったり来たりだ。

隅の席でワインを飲んだ。けっこう混んでいるのは他に店がないからもあるだろうが、客の顔にはここに集まってきた連帯感がみえる。隣り同士が「ワイン、どうですか」「被害は？」と話しかけ「これ食べませんか」の言葉に遠慮なく箸で応えている。ここは、震災発生直後から不眠不休で放送を続けたラジオ神戸局員のたまり場になったということも聞いた。不眠不休とはいえ飯は食べなくてはいけない。一杯ぐらい酒も飲む。

ラジオ局のスタッフには心強い味方になったことだろう。

逆境だからこそ人の集まる場所が必要とされるのだと思った。知らぬ同士でも、集まって食べたり飲んだりすれば心のつながりが実感できる。「吟醸」や「川島しょう店」はその場となった。大変なとき、つらいときだからこそ酒は必要とされるという光景を見て「居酒屋の社会的な価値」を私は知った。「太田さん、行くべき」とすすめた編集者は慧眼《けいがん》だった。

この取材原稿は、三年続いた連載「ニッポン居酒屋放浪記」の最終回となった。飲んだ食べた、おもしろかったと巡ってきたが、震災後の神戸で居酒屋の真の価値を悟り、もうこの居酒屋放浪は止めてよいという気持ちになったのだった。

人が集まれる場所としての居酒屋

十六年後、平成二十三年三月十一日、東日本大震災が起こった。

その日、私は東京の仕事場にいた。ものすごい大揺れに驚いて外に出たけれど、幸いたいした被害はなかった。しかし現場を伝えるテレビ映像はまさにこの世のものとは思われず、酒を切らすことのできない私が、それから三日間、一滴も飲む気持ちになれなかった。

六日後だったと思う。雑誌の居酒屋探訪記事の締め切りが迫り、居酒屋に行かねばならなくなった。こんなに居酒屋に行きたくない時はなかったが、連載に穴は空けられず仕方がない。なじみの所ならなんとかなるだろうと、沈んだ気持ちで東京・中野の「第二力酒蔵」に行った。

第二力酒蔵は開いていた。それも満員だった。しかし普段は喧噪の絶えない賑やかな大きな店がしんとしている。皆うつむき加減に飲み、いつも愛想よい白い上っ張りの店のおばさんたちも、余計な言葉を出さぬよう黙々と運ぶ。聞こえる小声は「おまえのところはどうだった」「あれが倒れた、これが割れた、親戚はなんとか」「あいつの様子を知ってるか」「わからん」。こんなときに居酒屋で酒を飲んでいていいのかという気持ちが全員の顔に表れている。経験したことのない異様な雰囲気だ。

それでも、だからこそここに来ている、大災害に心細さがつのり、誰でもいい他人の顔を見たい、人同士で集まりたい、という心情が十分私には感じられ、不安なときにこそ、集まる場所としての居酒屋が必要とされる実感を強く持った。やがてその光景は、客も店も全員が一丸となった東北の人々への祈りに見えてきて、私は一種、心を打たれ、居酒屋が鎮魂の場になることに目を見張った。

気仙沼「福よし」に見た「希望の光」

日がたつにつれ東北の居酒屋がとても気になってきた。

宮城・気仙沼港に「福よし」というすばらしい居酒屋がある。津波直後の気仙沼の空撮映像では、ビル屋上で手を振る人々の脇を、巨大な波に運ばれた大型船が何もかも押しのけて陸に上がってゆく。「福よし」はまさにそこにある。胸が張り裂けるとはこのことか。

電話やメールは通じたとしてもこちらの気休めで迷惑なだけ、ともかく訪ねるしかないと決心し、震災後のゴールデンウィーク直前、東北新幹線が仙台まで復旧したのを機に、東北の知っている居酒屋の見舞いを始めた。

訪ねた仙台や塩釜の店の主人らは幸い健在で、再開したところも、目処の立たないところもあったが、どこも喜んでくれ、話すこと、話すこと。そして最後は「頑張りましょう」と手を握る行脚を続けた。しかし気仙沼「福よし」だけは生死も含めまったく情報がなかった。鉄道・気仙沼線は壊れたままで、私は単身で車を運転する力もなく、行ったところで何か役に立つわけはなかった。

その秋に訪ねた岩手・一関の「こまつ」は、基礎や壁は傷んだものの頑丈な蔵造りは残り「中はめちゃくちゃだったが、この程度で済んだ」と話していると、奥の客が「太田さん」と声をかけてきた。

「福よしの村上です」

驚くまいことか。反射的に立ち上がりまず思ったのは、ご無事だった！　という安堵だ。「その日は？」「高台の友人宅に逃げ助かった」「弟さんは？」「築八年の家は流されたが身は大丈夫」「ご家族ご親戚は？」「何人も死んだ。このあたりで親戚に死者のない人はいませんよ」「店は？」「ダメ」。

一つ一つに息を飲み、次の返事ができない。見舞いの言葉が後先になってしまったのが恥ずかしい。店がなくなったのでこの機会によその店を勉強しようと「こまつ」に初めて来たと言う。隣りで奥様もにこにこされている。

ひと息つき、恐る恐る今後をうかがうと、村上さんはかみしめるように、しかしきっぱりと言った。

「行政の方針を待っていたら何もできない。店は来年再開する。場所は港を変えない」

私は手を握り、必ず新店を訪ねる約束をした。

震災から一年五ヶ月後の八月、「福よし」は再開した。店が落ち着いて順調になったのを聞き、ちょうど震災二年後に当たる三月に訪ねた。

新店は瓦礫の中にぽつんと一軒だけ建っていた。場所は以前より海に近づき、波止場までおよそ三十メートルの至近だ。大きな鉄柱四本に家を乗せた形の二階建てで下は駐車場。これなら低い津波はスルーして抜ける。さすがに地面に店を開く気持ちにはなれなかったのだろう。

階段を上がった二階は前の店とほとんど変わらない、いや前よりもさらに雰囲気がある。太い梁は地震で半壊した唐桑半島の築百年民家から軽トラで何往復もして運び、食器棚下に据えた立派な古箪笥も被害に遭った家から使ってくれと言われた。榧のカウンターは残ったのを丹念に削り直し、泥から拾い上げた暖簾は洗われて玄関を飾る。

村上さんは言った。

「店も建物も全部なくなったが、六十を過ぎた人生の仕上げ期に、時間は無駄にできない。五年後に立ち退きを言われてもかまわない。今の一日を大切に生きたい」

さらに続けた。

「高台を勧める人もいたが、船が何ヶ月も苦労して捕ってきた魚は目の前で受け取りたい。乗組員に『待っている』灯を見せたい。また津波が来たら何もかも捨てて逃げればいい」

店二階の海側はベランダにして、大きく「福・よ・し」と看板をつけ、左右に舵輪を飾った。港に入って来た船はこの電灯看板と奥の店明かりにほっとするだろう。下を津波が通過するように店を二階に上げたと思っていた私は恥じた。そうではない、もうこれ以上前に家は建たない波止場の最前線まで出て、船に明かりを見せるためだと。

店は満員だった。昔と変わらず町の人が集まり、お互いを確かめ合っていることがわかる。国の登録有形文化財だった社屋が倒壊した名酒「伏見男山」蔵元の社長さんもいた。関西からボランティアに来た三人組に村上さんがしみじみ「御苦労さん」と酒を注ぐ。

昼のうちに歩いた気仙沼は荒涼として、津波で一階が抜けたビルがいくつも残り、お世辞にも復興が始まったとは見えない。港から八百メートルの内陸には津波の運んだ大型漁船がまだあった（当時）。そんな何もない地盤沈下したままの波止場にぽつりと明かりを灯す居酒屋に、人々は光に呼び寄せられるように集まっていた。酌み交わす酒があればこそ、辛いことも苦労も吐露できる。これこそ「希望の光」だ。一軒の居酒屋が人々に光明をもたらす灯台になっていた。

酒飲みの義侠心

大震災後の居酒屋を訪ね、私は居酒屋の認識がおおいに変わった。

震災後、岩波文庫に復刻された水上滝太郎『銀座復興』は、関東大震災で焼け野原になった銀座に〈復興の魁は料理にあり……〉という紙を貼って始めた居酒屋の話だ。そこにやってくる人々の会話を通し、復興に向かう銀座の様子を描く。今も銀座にある「はち巻岡田」がモデルという。

居酒屋が復興のシンボルになっているらしいことは、新聞やテレビでもよく目にした。岩手・宮古も、宮城・石巻も、まずできたのはプレハブの飲み屋横丁だった。NHKの報道ドキュメンタリーで、ある中年男性は、まったく気力を失っている自分を見かねた奥さんが、「父ちゃん、頼むから居酒屋でも行って元気出しておくれ」と言われてここに来た、と焼酎を飲んでいた。普段の「父ちゃん、居酒屋ばかり行ってないで」が「頼むから行ってくれ」になった。たとえプレハブでも、集まって酒が飲め、互いの安否を確認し、亡くなった人を偲び「しゃあねえ、がんばんべ」と言える場所がまず必要とされたとナレーションは語った。

よく行く東京・渋谷「のんべい横丁」の焼鳥「鳥福」の主人からこんな話を聞いた。横丁組合長である主人は、釜石の「呑ん兵衛横丁」が津波で流されたのを知り、「同じ名前も縁」と横丁の店でカンパをしようと思い立ち、各店に義援金箱も置いた。また、お金はもちろんだが、近辺の食材が壊滅的に不足のとき、飲食店を再開する生食材がまず必要だろう。ならばと、自分の仕入れ先である茨城・久慈の鶏問屋に注文して支払いをすませ、釜石・呑ん兵衛横丁に送るよう頼んだ。問屋も、流通困難時ではあったが快諾してくれた。その現物が一番喜ばれ、呑ん兵衛横丁に活気が生まれたという。いかにもプロらしい着眼点だ。

募金は集まったが特定の振り込み先がなく、持参して釜石市職員の立ち会いで手渡しした。それを二回行い大変感謝された。お金も大事だが、同業同士助け合おうという気持ちがうれしい。渋谷に何か起きたらこんどは私たちが駆けつけると笑ったそうだ。

同じく銀座「みを木」の白割烹着の美人女将は、震災発生直後から被災地の蔵元に連絡をとり、被害に遭った酒蔵に残る酒は全部うちで買い取ると伝えた。泥をかぶった瓶でも中身が無事なら問題ない。店には蔵の状況を伝える速報ペーパーを連日張り出した。互いに酒で食べさせてもらっているんだから、その酒を救わなければと。

客には東北酒を勧める。私も〈最初の一杯は東北の酒〉をスローガンに、居酒屋に座るとすぐ大声で「東北の酒をくれ」と注文する一人キャンペーンを始めた。

「みを木」に限らず、東京の心ある居酒屋はどこも義援金箱を置いた。義援金箱にはコツがあり、中が丸見えの蓋付き大瓶を使うと一目瞭然に千円札や、ときには一万円札も見え、「ならば自分も」という気持ちが湧く。「ただいま○万円突破」という速報も刺激になった。酒飲みは義侠心がある。飲めば気も大きくなり、見栄もある。「釣りはここに入れてくれ」は酒飲み常識の台詞《せりふ》になった。

立ち上がる酒蔵に「神の手」が動いた

日本酒の蔵も壊滅的な打撃を受けたが、それぞれがそれぞれの努力で立ち直りを始めた。

気仙沼の「男山本店」は、高台の酒蔵タンクは津波からは無事だったが、電気も水道も途絶して温度管理ができず、仕込み中の酒はあきらめた。しかし二週間後、生き残っている「もろみ」の醱酵音を聞き、酒絞りを決意。〈地震に負けず生きていたこの音は、気仙沼復興を願う叫び〉と絞った「蒼天伝」はかつてない高品質になり、日本酒好きを驚かせた。その後の「伏見男山純米大吟醸」新絞りは、定評ある艶を秘めた清雅な味に、どこか「決意」のような力強さを感じさせた。

震災から五十日後、見舞いに出かけた宮城・仙台の居酒屋「一心」で、これを飲んでくださいと出された一升瓶は石巻「日高見」の「震災復興酒・希望の光」で、裏ラベルに次のようなことが書かれていた。

〈震災の大揺れで、醱酵中のもろみがタンクから溢れて床は白一色になり白い霧で奥が見えなくなった時、今まで聞いたことのないもろみの悲鳴のような音がこだまし恐怖を覚えた。もろみの全廃を覚悟したが、二週間後に電気など一部復旧して生きているもろみを発見。絞った酒は力強い生命力にあふれ、我々の蔵は生かされたのだと実感した。この酒を震災復興酒・希望の光と名付け、売り上げの一部を石巻市に献金する。飲んだ人たちの「希望の光」となりますように〉

その一途で清らかな力強い味は、厳しい逆境にしぶとく強さを発揮するのが日本酒と思わせた。銀座の「みを木」でその話をすると、店には「希望の光」の空瓶が大切に置いてあり「これを捨ててはいけないと思います」という言葉に深く共感した。

翌年十一月、仙台の居酒屋にいた私のところに、宮城県村田町で「乾坤一」を造る久我健君が仕込み中の長靴で来て、「今仕込み中ですぐ帰るが、ぜひこれを飲んでほしい」と一本を渡された。彼は私が教授をしていた東北芸術工科大学の教え子で、卒業時に「日本酒蔵に入ります」と挨拶に来て、励ましたことがあった。

震災の日、江戸期から改修を重ねた乾坤一の土蔵壁は崩れ、天井の梁は落ち、タンクの足も折れて傾き「大規模半壊・危険」と認定された。取り壊しは創業以来の最大の宝「蔵つき酵母」の断絶を意味する。「日本酒界のイチロー」と言われるまでになっていた若きホープは、蔵入りして数年、最大の試練を迎えた。

その後の苦労は並大抵ではなかったろう。設備の再建もあるが、何よりも酒を絞らなければ商品ができない。しかし焦らず「酒蔵のある風景は町の伝統文化」として外観だけでも残すという考えに大学で学んだ視点が見える。

その場で開封した酒はしなやかさが印象的で、一緒に飲んだ仲間の絶賛をあびた。後に届いた小さなちらしには、二〇一二年に創業三百年を迎えられた喜びと復興支援への感謝が綴られる。自ら作った酒の一升瓶を高々と上げる写真に、危機を乗り越えた男の顔があった。

日本で最も海に近い蔵といわれる福島県浪江町の、「磐城壽《いわきことぶき》」を造る鈴木酒造店の三月十一日は、その年の酒仕込みを終了する「甑倒し」の日だった。突然の大揺れに、蔵元の鈴木大介さんは家族を高台に避難させ、自身は消防団員として町民の誘導に全力を傾ける。三日後、避難先で見たネット映像で、蔵は跡形もなく消え、タンクは海上一キロ先まで漂流と知り、廃業を覚悟した。

隣の山形県の東洋酒造が、「空いている長井市の蔵を使わないか」と声をかけてきた。他県で造るには新しい酒造免許が必要になる。家族の願いは故郷・浪江での再開。地元の免許は残したまま、新しい免許をとるため住民票を山形に移すと、福島の義援金は受け取れなくなった。気候や水が変わるなど数々の困難を乗り越え、祈る気持ちで仕込んだ新酒は、浪江町役場が移転していた福島県二本松市で行われた町消防団出初め式で披露され、「これが浪江の味だ、早く帰って来い」と激励された。

蔵が蔵を助け、酒が故郷の結束を確認する。「磐城壽」は澄みきった味わいに、しなやかな希望と望郷の念を感じさせた。

日本酒の蔵は江戸期から続くところも多く、地産米を買い、人を雇い、多くの税を納め、祭や寄り合いには酒を提供し、庄屋や名主とは別位置の土地の名士として、地域安定の役を果たしてきた。日本酒の基は農業にあり、風土とかたく結びついている。

東日本大震災で東北の多くの蔵は壊滅し、廃業が見込まれたが、殆どは再開した。そこには日本酒蔵がなくなれば、その地は本当に終わってしまうという地元の強い願いがあった。日本酒蔵は地域のシンボルだからだ。

被害に遭った蔵の震災後の新酒は一様に、それまでのどっしり腰の据わった重い東北酒から、きれいで一途に澄んだ清らかな酒に変わっていて私を驚かせた。一年に一回仕込む日本酒は気温、湿度、醱酵などの条件に、最後は神秘的要素が味を決める。東北の酒は大きな困難を経て優しさにたどり着いたのか。私は「神の手」が働いたのだと思う。日本酒が「國酒」であるとこれほど実感したことはない。

生き残った酒、その後の新しぼりにたどりついた酒は、震災被害地復興のニュースとして幾度も報道された。復活した東北酒は日本酒ファンの支援を受け、売り上げも着実に伸びた。もう一度書こう。日本酒好きは義俠心があるのだと。

結び──世界中で愛される「居酒屋」

イギリスのパブ、ドイツのビアホール、フランスのカフェ、イタリア、スペインのバール、アメリカのスナックバー。世界中に酒場のない町はない。そこでは庶民が気軽に一息つき、仲間と話したり、情報交換したり、あるいはなんとなく世間を眺めたりしている。

それは都市の一つの安定装置であると思う。居酒屋でのびのび酒を飲めないような国はたぶん息苦しいところだ。うれしい時、悲しい時、人は酒を飲む。飲んで気持ちを発散させる。それが堂々とできないのであれば別のところでそういうものが爆発し、社会は不安定になるだろう。

第二次大戦下、イギリスの首相チャーチルは、「いかなる空襲を受けようともロンドンのパブの明かりが点いている限りイギリスは大丈夫だ」と呼びかけたそうだ。戦争は戦争、パブはビール。パブの明かりが消えたときはイギリスもおしまい。居酒屋は国の存在証明になったのだ。

日本中を回り、古く長く続く居酒屋が人々のよりどころになっている町は良い町、健全な町だと知った。そうした町は歴史的に安定した城下町が多いことは偶然ではないかもしれない。

居酒屋は町の人心安定の象徴である。これを結論としよう。

あとがき

ＮＨＫ「ラジオ深夜便」で三十分放送四回、その後ＮＨＫ文化センター青山教室の連続講座三回をこなしたと新潮社の方に話したところ、「それを本にしませんか」と提案された。新潮社からはすでにたくさん本を出していただいていたが、それまでの店ガイドや紀行文ではない、新書になるものを書かないかと言われていた。そこでこれらの原稿をもとに新たに書き下ろすことになった。

放送や教室の依頼は「居酒屋の魅力を語ってください」という大ざっぱなものだったが、一回の雑談ならともかく、連続回となると、ある程度筋道がなければいけない。まして教室は受講料を払っている皆さんが聞く。すでに本に書いたもののダイジェストでは読んでいただいた方々に申し訳ない。大学で教えていた時、講義や実習は準備がいちばん大切と肌身にしみていた。とうに大学は辞めたが、ひさしぶりにやるか。しかし居酒屋をテーマに何を話すか。

そこで考え「私にとって居酒屋とは何であったか」と決めた。考え方ではなく経験談なら聞いてもらえるかもしれない。それをもとにできたのがこの本だ。

居酒屋研究（です）三十年、「誰からも頼まれもしないこと」を飽きずに続けてきたのは、興味を形にするのが好きだからだろう。もっとアカデミックなことならば人様のお役にたてたのかもしれないが（無理）。まあ、皆様の酒の肴くらいにはなったでしょうか。

機会を作ってくれた放送、教室、そして新潮社の各担当者にお礼申し上げます。

２０１４年10月

太田和彦

〈付録〉著者による「太田和彦　居酒屋関係著書（1990〜2014年）」解題

『居酒屋大全』
（1990年／講談社　1998年『完本・居酒屋大全』として小学館文庫）

手書き会報「季刊居酒屋研究」から発展した雑誌連載コラムをもとに、ルポ記事「みちのく居酒屋七晩勝負」、書き下ろし「日本三大酒場」などを加えて一冊とした初めての本。本編コラムはすべて架空座談会方式、関連する「分析表」が苦心の産物だった。著者肩書きは「居酒屋研究会」。

『精選・東京の居酒屋』（1993年／草思社）

東京の居酒屋の全体像を書いた初の書き下ろし。取材執筆に二年かかった。店紹介だけでは数行で終わってしまう。その店の魅力がどこから来ているかを知るには何度も通うこと、文章の描写力の必要性を痛感した。写真は使わず、本文だけでは売れないと思い店の全メニューを載せたところ、これが一番役に立つと言われた。

『ニッポン居酒屋放浪記』（1997年／新潮社）

月刊誌「小説新潮」の連載が本になった第一冊。毎月一回どこかに出かけ、長い文章を、締めきりを守って入稿し、質を落さない。文芸雑誌の連載は文章を書くプロを自覚させられた。似たような旅を異なるものとする着眼、文調の工夫に、日本の居酒屋の幅の広さ、奥の深さはじゅうぶん素材になった。

『日本の居酒屋をゆく　疾風篇』

『日本の居酒屋をゆく　望郷篇』

（ともに1998年／新潮社）

前著の二部、三部。三冊は新潮文庫『ニッポン居酒屋放浪記　立志篇／疾風篇／望郷篇』三部作となり、2010年、同セレクト版『自選 ニッポン居酒屋放浪記』となった。この連載は以降日本の居酒屋について書くときの絶対的な基礎となり、また編集者の厳しい注文もあって、文章を書いてゆく自信にもなった。とても感謝している。

『居酒屋の流儀』

（1998年／講談社　2013年『超・居酒屋入門』として新潮文庫）

居酒屋のうんちくを書いてくださいと頼まれた書き下ろし。ノンフィクションであれば取材を重ねれば原稿はたまるが、机上のエッセイは書き方がわからず、編集者のアドバイスの、毎週テーマを決めて一本書くという方法で進めた。居酒屋のあらゆる事象を観察して文章にするのは、後にいくつかのコラム連載に発展する。

『居酒屋かもめ唄』（2000年／小学館　2004年／同タイトルで小学館文庫）

雑誌「文芸ポスト」に居酒屋小説をたのまれ、最初はいささか創作も入れてみたがその部分がつまらなく、やはり事実に勝るものはなし、というかそれが自分の限界と悟り、体験を書くことに徹した。編集者同行の探訪ルポとはちがう一人旅は内面的になり、異なる文体をつくったと思う。映画のテーマ曲よろしく章の終わりを歌にしたのがミソ。

『新精選・東京の居酒屋』（2001年／草思社）

前『精選・東京の居酒屋』の八年後に新たに取材して書き下ろした。八年間では改訂版になってしまうかと思いきや、それまで見向きもされていなかった東京の居酒屋は、マスコミやグルメ番組の注目するところとなり、新しいタイプの店がぐんぐん増えていった革新期で、新版を書くことはとても意味があった。

『東海道居酒屋膝栗毛』

（2003年／小学館　2007年／『東海道居酒屋五十三次』として小学館文庫）

漫画家・村松誠さんを相棒に東海道を飲み歩くというのんきな連載の一冊。担当編集者は「オレも行く」を条件に提案してきた。一人旅は陰気、二人旅は対人にやや疲れ、三人旅がいちばん愉快になる。飲ん兵衛の編集者をからかいつつ、漫談調に展開する仕事の醍醐味を知った。こういうのはいつでもやりたい。

『太田和彦の居酒屋味酒覧』

第一版（2004年）・第二版（2008年）・第三版（2012年／全て新潮社）

日本の優良居酒屋を網羅したガイド本。同じフォーマットで四年ごと、オリンピックイヤーに出している。携帯本の制約でページ数が決まり、新規店が加われば新版では不掲載になる店も出るが、内容は変わらないので三冊とも意義がある。毎版三～四割は新規店、もちろん継続掲載店も最新状態を書いている。不動の定本居酒屋ガイドです。

『東京・居酒屋の四季』（2005年／新潮社）

東京の名居酒屋の居酒屋料理をとりあげた、雑誌「東京人」の三年連載を「とんぼの本」シリーズにまとめた一冊。飯田安国さんの美麗な写真をもとに、本業のグラフィックデザインに力を入れ「きれいな居酒屋本」をめざした。著者の居酒屋飲み写真もちょこちょこ出てくるのは初めて。

『ひとりで、居酒屋の旅へ』（2006年／晶文社）

居酒屋エッセイや対談を集めた一冊。夕刊紙の連載コラム「居酒屋ひとりカウンター」は肴の挿絵イラストも描き、本にも全点載せたのがうれしかった。「東京新聞」や雑誌「東京人」など、長く住んだことになった「東京」を意識して書くようになる。生硬な書名は「ひとりで飲む」という概念が表立ってきた現れと思える。

『居酒屋道楽』（２００６年／新潮文庫）

居酒屋を通して山本周五郎、藤沢周平、椎名誠を読むエッセイ。ほろ酔い紀行「眼鏡美人秘書と大江戸線ひと巡り」書き下ろし「隅田川に沿って、東京の居酒屋を歩く」など長いエッセイを集めた一冊。東京・大阪の居酒屋を訪ねて戦後歌謡曲の魅力を書き、ちあきなおみに捧げた一編は担当編集者に褒められた。

『太田和彦の今夜は家呑み』（２００９年／新潮社）

居酒屋ものもネタが尽きてきたころ「太田さん、家呑みやりませんか」という提案にホイホイ乗った一冊。料理制作、その撮影、レイアウト、装丁と、デザイナーとしての腕を存分にふるい、おおよその作業が終わって「さあ、できた」と言うと、担当者から「まだ本文をいただいておりません」と言われてぎゃふん。しっかり書きました。

『愉楽の銀座酒場』（２００９年／文藝春秋）

名門タウン誌「銀座百店」に三年連載した「銀座の酒場を歩く」の単行本化。資生堂勤めで銀座はよく知っているつもりだったが、体系的、網羅的に銀座酒場を歩くのはありがたい機会になった。予想どおり銀座は圧倒的にバーの街で、とりあげた七割はバー。銀座は変転激しく、なくなった店も多いが、むしろその記述が今は貴重に思える。

『東京・大人の居酒屋』（２００９年／毎日新聞社）

週刊誌「サンデー毎日」連載の単行本化。「東京を代表する老舗名居酒屋を、料理と店内写真入りで美しく紹介する」決定版にしようと丁寧な取材を続けた。この種の本ではいちばん使いやすいと思う。二〇〇九年の発行だが、掲載五十五店は殆ど健在で、さすがは老舗の信用だ。

『ひとり旅ひとり酒』（２００９年／京阪神エルマガジン社）

名雑誌「西の旅」の、西日本を中心にした紀行連載をまとめたもの。旅ガイドになるよう多くを取り上げ、短い文で適確に魅力を書くよう力を入れた。まず一人で取材して書いた原稿をもとに、後日編集者とカメラマンが撮影に行くスタイル。原稿の意図を深く汲みとった写真も構成デザインもすばらしく、とても良い本にしていただいた。

『太田和彦の居酒屋　安旨の逸品』（２００９年／角川書店）

週刊誌のコラム連載「太田和彦のこれを注文」をポケットサイズでまとめた一冊。Ｂ級グルメばやりで企画されたが、大衆居酒屋の名物逸品は数限りなく、紹介七十二品のうち「必食」マークは二十三品を数えた。大衆酒場派はカバンに入れておけば必ず役に立つ。平凡な「いか丸焼」の最高峰は東京・佃にあり。

『居酒屋百名山』（２０１０年／新潮社　２０１３年同名で新潮文庫）

長く居酒屋を書いてきて集大成ものに取り組みたくなり、範をあおいだのは深田久弥の名著『日本百名山』。単なる登山ガイドとはちがい、歴史や地勢をおさえたうえで、その山の魅力を一編の名エッセイとした書は、下山後に読んでさらに読後感を深める。それを目標に居酒屋について書いた。執筆三年。目下の私の代表作。

『月の下のカウンター』（２０１０年／本の雑誌社）

雑誌新聞に書いた様々なエッセイを集めたもの。居酒屋もあるが、街、旅、故郷、自伝と多岐にわたる。よい機会なので懸案だった父のことを書き下ろすと、かなり長い原稿になった。年齢を反映してか回顧的な姿勢が目立つ。久しぶりに取り組んだ自著装丁は会心の出来のつもり。素敵な書名は編集者が考えてくれた。

『ひとり飲む、京都』（２０１１年／マガジンハウス）

ひとつの町に夏冬二回、長く滞在して書いた地域密着エッセイ。数日の旅行では得られない「その町の住民」となったつもりの視点は新鮮で、初めてパソコンを持ってゆき、印象を新鮮なうちに文章にした。取材メモのためだった写真がだんだんおもしろくなり、本にも多数使った。以降カメラは大切な武器に。

『居酒屋おくのほそ道』（２０１１年／文春文庫）

自分を芭蕉、村松誠さんを曾良に、芭蕉行脚の地の居酒屋を訪ねて句を詠むという

「オール讀物」連載をまとめた。随行記者は若く強気な女性で、その色模様（？）も。句作に力を入れたが、そちらはあまり評価されていないのは不満（無理）。完結後に東日本大震災がおこり、単身で被災地を訪ねたレポートがあとがきになった。

『日本のバーをゆく』（2011年／講談社）

各地で居酒屋の後はバーに入るうち、名バーは地方にありと気づいて書いた「小説現代」連載。札幌、秋田、宇都宮、沼津、松本、金沢、高知、鹿児島、沖縄など日本全土を視野に入れた。バーは居酒屋とは着眼点も書き方もちがい、地方都市でバーを続ける「人の物語」が大切だった。各地で飲んだカクテルのレシピ付き。

『男と女の居酒屋作法』（2012年／角川書店）

雑誌「野性時代」から女性向けの居酒屋エッセイを依頼され、「婦人公論」連載の戦後のベストセラー、伊藤整『女性に関する十二章』を範に、居酒屋を舞台に女性論を書いた。連載が終わると、この男性編をと言われてもう一年続き、単行本では撮りおろし写真を加えてこのタイトルになった。女編と男編では文体を変えている。

『ニッポンぶらり旅　宇和島の鯛めしは生卵入りだった』（2012年／毎日新聞社）

二〇一〇年開始の「サンデー毎日」連載は、「ニッポン居酒屋放浪記」の中高年版のつもりだが、掲載誌を考えて「旅」を前面に。週刊誌の見開き連載は望んでいた仕事で、毎週の締め切りはよい緊張感になっている。平凡な町をひとりで歩き、歴史の細部を発見し、その町を酒とともに楽しむ新しいタイプの紀行エッセイをめざした。

『太田和彦のニッポンぶらり旅2　故郷の川と城と入道雲』（2013年／毎日新聞社）

その第二巻は、東日本大震災直後からの開始となった。こんな時にぶらり旅をしていていいものかという自問は、おのずから旅する姿勢を、文調を変えた。逃避のように「変わらない風景」を見たくなり、古都や、かつて訪ねた町、そして故郷松本、木曽に足が向いた。否応なくものの見方が変わった、自分としては記念碑的な作品。

『みんな酒場で大きくなった――居酒屋対談集』（2013年／京阪神エルマガジン社）

角野卓造さん、川上弘美さん、東海林さだおさん、椎名誠さん、大沢在昌さんらとの居酒屋対談を核に、尾瀬あきらさんの漫画「オオタのぶらり失恋酒」（傑作！）、自分の仕事場公開写真などをいっぱい入れたバラエティブック。編集者の企画に初めはどういう本になるか見当がつかなかったが、自分もびっくりの名著（！）にしていただいた。

太田和彦　1946(昭和21)年生まれ。東京教育大学卒。資生堂宣伝制作室を経て独立。グラフィックデザイナー、作家。元東北芸術工科大学教授。著書に『超・居酒屋入門』『愉楽の銀座酒場』など。

Ⓢ新潮新書

594

居酒屋《いざかや》を極《きわ》める

著　者　太田《おおた》和彦《かずひこ》

2014年11月20日　発行
2015年５月20日　６刷

発行者　佐　藤　隆　信

発行所　株式会社新潮社

〒162-8711　東京都新宿区矢来町71番地
編集部(03)3266-5430　読者係(03)3266-5111
http://www.shinchosha.co.jp

印刷所　株式会社光邦

製本所　憲専堂製本株式会社

ISBN978-4-10-610594-4　C0263